은혜는 눈물이다

은혜는 눈물이다

지은이 | 김철웅
펴낸이 | 원성삼
책임편집 | 홍순원
표지 디자인 | 성주경
펴낸곳 | 예영커뮤니케이션
초판 1쇄 발행 | 2019년 4월 9일
등록일 | 1992년 3월 1일 제2-1349호
주소 | 04018 서울시 마포구 동교로 55 2층 (망원동, 남양빌딩)
전화 | (02) 766-8931
팩스 | (02) 766-8934
홈페이지 | www.jeyoung.com
ISBN 979-11-89887-03-2 (03230)

값 12,500원

이 도서의 국립중앙도서관 출판예정도서목록(CIP)은 서지정보유통지원시스템 홈페이지
(http://seoji.nl.go.kr)와 국가자료공동목록시스템(http://www.nl.go.kr/kolisnet)
에서 이용하실 수 있습니다. (CIP제어번호: CIP2019011460)

모든 인간은 하나님의 형상을 닮은 존귀한 존재입니다. 사람은 인종, 민족, 피
부색, 문화, 언어에 관계없이 모두 다 존귀합니다. 예영커뮤니케이션은 이러한
정신에 근거해 모든 인간이 존귀한 삶을 사는 데 필요한 지식과 문화를 예수 그리스도의
사랑으로 보급함으로써 우리가 속한 사회에 기여하고자 합니다.

은혜는 눈물이다

김철웅 지음

예영

주의 몸 된 "군포교회"를 위해
지금도 '눈물'로 기도하고 계신
서일규 원로목사님과 임순전 사모님께
이 책을 헌정합니다.

● 주제 말씀 ●

예수께서 눈물을 흘리시더라(Jesus wept).

_ 요한복음 11:35

모든 사람을 사랑하고 모든 사물을 사랑하라!
환희의 눈물로 대지를 적시고 그 눈물을 사랑하라!
그것은 하나님의 위대한 선물인 동시에
선택받은 아주 몇몇 인간에게만 주어지는 은혜이기 때문이다.

_ 도스토옙스키, 『카라마조프 가의 형제들』 제6편 "러시아의 수도사" 중에서

어쩌면 그렇게 우는 편이 더 나을지도 모르겠다.
그 눈물은 예수 그리스도께서 너에게 보내 주신 것일 테니까.

_ 도스토옙스키, 『카라마조프 가의 형제들』 제7편 "알료샤" 중에서

추천사

영락교회 이철신 원로목사

이 책『은혜는 눈물이다』를 기쁜 마음으로 추천합니다. 김철웅 목사님은 영락교회에서 여러 해 부교역자로 저와 동역했습니다. 그런데 얼마나 부지런한지 바쁜 목회 활동 중에도 여러 권의 책을 집필해서 출판했습니다. 그것도 대부분 신학생들을 가르치기 위한 교재로 사용되는 신학 전문도서였습니다. 그중에는 목사님이 미국 박사학위 과정 중에 연구한 결과물들을 정리한 제법 두꺼운 분량의 책도 있었습니다. 이와 같이 김철웅 목사님은 신학적 기초가 탄탄한 분입니다.

동시에 김철웅 목사님은 신학적 지식뿐만 아니라 목회적 감수성이 매우 풍부하고 창의력이 탁월하신 분입니다. 목사님은 때로는 기타를 연주하며 자신이 작곡한 곡을 회중과 함께 노래하기도 합니다. 그 독특한 감수성과 창의력으로 설교 또한 은혜롭게 잘 전합니다. 그래서 회중이 매번 기대도 하고 매력도 느끼고 은혜도 받습니다.

이런 의미에서, 이번에 출간한 김철웅 목사님의 저서『은혜는 눈물이다』는 목사님의 풍부한 영적 감수성에 신학적 지식이 뒷받침된 책이라 할 수 있습니다.

은혜는 눈물이다! 이 선포는 진리입니다. 하나님 앞에 죄인인 우리는 하나님의 사랑을 체험하고, 하나님의 은혜를 경험하면 눈물을 흘리지 않을 수 없습니다. 내 의도와는 전혀 관계없이 주체할 수 없는 눈물을 흘리게 됩니다. 그리고 그 눈물을 흘리면서, 죄사함의 확신을 갖게 되고, 내면에 깊이 묻어둔 상처가 치유되기도 합니다. 그리고 그렇게 눈물을 흘리고 나면, 영적으로 그리고 정서적으로 모든 것이 회복됩니다. 또한 마음의 평안을 얻게 되고, 삶에 기쁨이 넘치게 됩니다.

김철웅 목사님은 이 책을 통해 이러한 신앙적인 체험이 단순히 감성적인 것이 아니고, 신앙생활에 꼭 필요한 영적인 체험임을 확신 있게 선포합니다. 그것도 성경에 근거와 배경을 두고, 특별히 예수님의 세 가지 눈물을 기초로 해서, 신학적으로 은혜와 눈물의 연관성을 명쾌하게 규명합니다. 김철웅 목사님은 이 책을 통해 하나님의 은혜를 체험하고, 눈물을 경험하는 것이 우리 신앙생활에 반드시 필요한 것임을 우리에게 알려주고 있습니다. 부디, 이 책을 읽는 모든 분이 책을 읽는 동안에 하나님의 은혜를 체험하고, 눈물을 흘리므로 치유와 평안과 기쁨을 경험하게 되기를 바라며, 신앙생활이 새롭게 될 줄로 믿고, 이 책을 기쁘게 추천합니다.

추천사

온누리교회 이재훈 위임목사

이번에 김철웅 목사님이 『은혜는 눈물이다』라는 제목의 책을 출판하게 된 것을 매우 기쁘게 생각하며 감사한 마음으로 추천합니다. 이 책은 목사님이 쓰신 여덟 번째 책입니다. 그런데 이 책은 지금까지 출판해 온 다른 일곱 권의 책과 비교해 볼 때 매우 중요한 차이점이 있습니다.

이 책 속에는 신학교 강의실에서나 사용하는 딱딱하고 어려운 신학적 내용보다는 일상생활 속에서 쉽게 적용할 수 있는 신앙적 내용이 많이 담겨져 있습니다. 그 모든 신앙적 내용은 김철웅 목사님이 지난 몇 년간 담임 목회에만 전념하는 가운데 경험한 다양한 목회 체험과 그 체험을 통해 얻은 성숙된 목회 영성에서 비롯된 것이라 확신합니다.

특별히 이 책은 "은혜"라는 본질적인 개념과 "눈물"이라는 가시적인 현상을 함께 연결했다는 점에서 그 영적 가치가 돋보입니다. 특별히 그 연결점을 성경 속 예수님의 세 가지 눈물에 비추어 찾아냈다고 하니, 이 책이 지닌 신앙적 가치는 매우 심오하다 할 수 있습니다. 만약 우리가 이 책을 기도하는 마음으로 읽으며 우리 영혼을 쥐어짠다면 틀림없이 이 책 속에서 예수님의 눈물이 흘러나오리라 생각합니다.

"오늘날 은혜가 말랐다!"는 말을 많이 듣습니다. 그 말은 "오늘날 우리의 눈물이 말랐다!"라는 표현으로 대치할 수 있습니다. 눈물이 말랐다는 것은 은혜가 말랐다는 뜻이요, 은혜가 마르면 눈물이 마를 수밖에 없기 때문입니다. 우리가 다시금 은혜를 회복하기 위해서는 눈물을 회복해야 하며 눈물을 회복해야 은혜가 은혜 될 수 있습니다.

아무쪼록, 김철웅 목사님의 『은혜는 눈물이다』라는 이 책을 통해 그동안 말라 버렸던 우리의 영혼에 뜨거운 회개의 눈물이 회복되기를 바라며, 그와 동시에 그 눈물로 표현되는 하나님의 사랑과 은혜 또한 우리 영혼 속에 강물처럼 흐르기를 간절히 소망합니다.

차례

은혜는 눈물입니다. 은혜는 눈물을 흘리게 하고 눈물은 그 은혜
가 은혜 됨을 증명합니다. 그래서 이 책도 눈물입니다. 이 책 구
석구석에는 예수님께서 나를 위해 흘려주신 눈물 자국과 내가 이
책을 쓰며 흘렸던 눈물 자국이 함께 묻어 있기 때문입니다.

시작된 눈물

눈물의 시(詩) - 예수님의 젖은 눈동자

고요한 새벽!
어디선가 나를 바라보는 눈동자!
어두운 새벽의 커튼을 걷고,
새로운 아침을 예고하는 한 줄기 빛 같은 눈동자!
그것은 바로 그분의 눈동자였다.

나는 그분의 눈동자를 바라보았다. 그리고 발견했다.
이미 그분의 눈동자 속에 비친 나의 모습을 …

그분의 눈동자는 그렇게 동일한 모습으로 새벽의 나를 깨우며
나를 쳐다보고 있었다.

내가 그분을 그렇게 바라보았을 때 …
내가 그분을 그렇게 사랑할 때 …
그래서 내가 그분의 눈동자를 그렇게 바라보고 있을 때에 …
그분의 눈동자 속엔 이미 내가 그렇게 들어 있었다.

내가 그분의 눈동자를 찾기 전에 …
그분의 눈동자는 이미 그렇게 나를 먼저 바라보고 계셨다.

지금도 나를 비추고 있는 그분의 맑은 눈동자!
지금도 나를 담고 있는 그분의 아름다운 눈동자!
지금도 나를 위해 이슬을 머금고 있는 그분의 젖은 눈동자!

그 눈물 젖은 눈동자는 나 같은 죄인을 향한 예수님의 간절한 마음이다.

나를 비추던 예수님의 그 빛나는 눈동자 …
그 눈동자 속에 비추어진 나의 또 다른 모습 …
그것은 나에게 그토록 보여 주고 싶으셨던 예수님의 마음이었다.

그 예수님의 눈동자! 그 불꽃같은 눈동자!
그분은 지금도 나를 그렇게 비추고 계신다 ….

이것은 제가 쓴 시(詩)입니다. 그때는 2007년 여름이었습니다. 제가 미국 "뉴저지 초대교회"에서 부목사로 사역하고 있을 때입니다. 그때 저는 저를 바라보고 계신 예수님의 젖은 눈동자를 느꼈고 예수님의 눈물을 경험했습니다. 이 시는 그때 새벽기도 중에 제가 느낀 예수님의 모습을 감히 글로 담아 써내었던 마음의 노래입니다. 저는 이 시를 통해 새벽기도 중 말씀이 끝나고 어느 정도 어두컴컴해진 본당 안에서 작은 목소리로 읊조리며 하나님 앞에 기도할 때에 제 영혼 속에 느껴진 예수님의 모습을 표현했습니다. 지금도 분명히 기억하지만, 그때 예수님은 조용히 울고 계셨습니다. 나를 바라보시며 울고 계셨습니다. 예수님의 그 눈물 젖은 눈동자 속에 내 모습이 들어 있었고, 예수님의 그 젖은 눈동자를 통하여 나는 나의 죄된 더러운 모습을 제3자의 관점에서 바라볼 수 있었습니다.

나는 확실히 믿습니다. 그때 그 뜨거운 예수님의 눈물이 내 돌 같은 마음을 녹였으며, 그때 그 간절한 예수님의 눈물이 내 더러운 영혼을 깨끗하게 했고, 그때 그 아름다운 예수님의 눈물이 혼탁해진 내 정신을 맑게 했으며, 그때 그 영롱한 예수님의 눈물이 나를 정화시켰음을 나는 믿습니다. 그래서 나는 지금 그 눈물을 노래하려 합니다. 그때 그 예수님의 눈물을 표현하려 합니다. 그때 그 예수님의 눈물을 전하려 합니다. 그래서 그 모든 것을 한 권의 책으로 엮어 냅니다. 그리고 그 책 제목을 "은혜는 눈물이다."로 정했습니다.

은혜는 눈물이다!

그렇습니다. 은혜는 눈물입니다. 은혜는 눈물을 흘리게 하고 눈물은 그 은혜가 은혜 됨을 증명합니다. 그래서 이 책도 눈물입니다. 이 책 구석구석에는 예수님께서 나를 위해 흘려주신 눈물 자국과 내가 이 책을 쓰며 흘렸던 눈물 자국이 함께 묻어 있기 때문입니다. 이 책의 한 장 한 장에는 예수님과 제가 함께 흘렸던 그 눈물이 괴여 있습니다. 이제 그 은혜의 눈물 잔치에 여러분을 초대합니다. 그 은혜의 눈물 골짜기로 여러분과 함께 가고 싶습니다. 부디 끝까지 이 눈물 여정에 동참해 주시기를 소망합니다. 누구든 이 책을 다 읽고 마지막 책장을 덮는 순간에는 그들 모두의 눈에 하나님만이 허락하실 수 있는 은혜의 눈물이 맺히리라 확신합니다. 누군가 이 책을 통해 은혜를 경험했다면 반드시 그런 결과가 있을 것입니다. 은혜는 눈물이기 때문입니다.

감사의 눈물

항상 하나님 앞에 눈물이 마를 날이 없었던 어려운 목회 활동 속에서도 평생 아들에게 목회자로서의 신실함을 보여 주신 사랑하는 부모님(김광영 목사, 최영옥 사모)과 존경하는 장인어른, 장모님(성선복 목사, 서지희 사모)께 감사드립니다.

항상 저를 믿어 주시고 기도로 후원해 주시는 경북 대구의 큰아버님 김광은 장로님 댁 가정과 모든 형제자매에게 감사드립니다.

지난 2001년, 처음 미국에 혼자 와서 마치 부모 잃은 아이같이 헤매는 나에게 평생에 잊을 수 없는 따뜻한 가족과 같은 사랑으로 보살펴 주신 시카고(Chicago) 고(故) 최형선 장로님(김광숙 권사님) 가정과 그 후손들에도 깊은 감사의 말씀을 드립니다.

제가 박사과정을 공부하는 수년 동안 오래 머물렀던 미국 인디애나주 포트웨인(Fort Wayne)의 안우진 목사님, 정종아 사모님 그리고 모든 성도님, 제가 공부했던 컨콜디아 신학교(Concordia Theological Seminary)의 모든 루터 교단(LCMS) 공동체에 감사드리며, 미국 뉴저지 초대교회를 통해 처음 목회의 길을 열어 주셨던 온누리교회 이재훈 위임목사님(이정선 사모님)과 한국에서 좋은 목회의 배움터를 허락하셨던 영락교회 이철신 목사님(원로)에게도 깊은 감사의 뜻을 전합니다.

이 책의 출판 가치를 인정하고 여기까지 도와 주신 예영커뮤니케이션 대표 원성삼 권사님과 모든 임직원께 깊은 감사의 말씀을 드립니다. 이로써 저는 지금까지 예영커뮤니케이션을 통해 모두 네 권의 책을 출판하게 되었는데, 이 모든 것은 무명(無名)의 작가를 발굴하여 귀한 출판의 기회를 허락해 주셨던 고(故) 김승태 장로님의 지극한 관심과 사랑 때문에 가능한 것이었습니다. 나중에 천국에서 장로님을 꼭 다시 만날 것을 확신합니다.

지난 2016년 1월 첫 주에 담임목사로 부임하여 이때까지 하나님의 은혜로 사역하고 있는 군포교회는 하나님의 뜻 가운데 제가 쓰임 받고 있는 목회지터(牧會之攄)입니다. 이 책은 제가 군포교회에 담임목사로 부임한 이래로 처음 출판한 책입니다. 이 책이 나올 수 있도록 저에게 깊은 신앙적 도전과 감동을 허락해 주신 군포교회에 깊은 감사를 드립니다. 군포교회가 있었기에 은혜가 눈물임을 알 수 있었고 눈물 없는 은혜는 없음을 확신할 수 있었습니다. 그 결과, 오늘과 같은 한 권의 책이 완성될 수 있었습니다. 그런 뜻에서 군포교회 당회 제직 및 모든 성도님께 감사를 드립니다.

특별히 이 책은 저의 영적 스승이자 목회의 후원자 되시는 서일규 목사님(군포교회 원로)과 임순전 사모님께 헌정합니다. 원로 목사님 내외분께서 피와 땀과 눈물의 기도와 헌신으로 이끌어 오신 군포교회가 반석 위에 선 아름다운 교회가 되고, 구원의 방주가 되며, 부흥과 성장을 이루는 교회가 되도록 하나님의 은혜를 구하며 최선을 다할 것을 약속드리는 마음으로 이 책을 감사한 마음과 함께 원로 목사님 내외분께 드립니다.

무엇보다도, 꽃다운 어린 나이에 목사와 결혼하여 여러 가지 어려운 여건 속에서도 은혜의 눈물로 힘겨운 시기를 이겨내며 지금까지 변함없는 사랑으로 항상 내 옆에 있어 주는 나의 아내 성주경에게 감사의 뜻을 전합니다. 아내는 이번에도 변함없이 부족한 남편의 책을 위해 기쁨으로 책의 디자인을 담당해 주었습니다. 책의 모든 부분에서 아내의 섬세한 사랑의 손길을 느낄 수 있음에 감사합니다. 또한 아직 어려서 아빠가 쓴 책을 직접 읽지는 못하지만, 훗날 아빠의 책을 읽고 즐거워해 줄 두 딸 유나와 유리에게도 아빠의 사랑과 기대를 전합니다. 이 책의 원고 교정을 도와준 군포교회 배광현 전도사님과 그 외 여러모로 협조해 주신 이 책과 관련된 모든 분께도 감사를 전합니다.

마지막으로, 바쁜 교회 목회 사역과 강의 일정 속에서도 시간을 쪼개어 문필(文筆)과 집필(執筆)에 전념할 수 있도록 필자에게 지치지 않는 창작 의욕과 끊임없는 출판의 불타는 열정을 허락해 주신 전지전능하신 은혜의 하나님께 가장 깊은 감사와 영광을 올려 드립니다.

모든 존귀와 영광을 하나님께! *"Soli Deo Gloria!"*

주후 2019년 1월 1일 화요일
군포교회 담임목사 사무실에서
김철웅 목사

21

● **시작된 눈물**

나의 눈물
예수님의 눈물

"은혜는 눈물이다!" 그것은 분명했습니다. 너무나 명확했고 확실했습니다. 정말 은혜는 눈물입니다. 바로 그 은혜의 눈물 뒤에 모든 것이 있었습니다. 그래서 저는 다시 강조해서 말 할 수밖에 없습니다. 은혜는 눈물입니다.

1장
은혜는 눈물이다

나는 울보 목사다

나는 목사입니다. 그런데 "울보 목사"입니다. "울보 목사"가 제 별명입니다. 왜 "울보 목사"일까요? 이유는 간단합니다. 제가 시도 때도 없이 자꾸 울어서 그렇습니다. 지난 2016년 1월 첫 주! 그날은 제가 군포교회 담임목사로 부임하여 첫 예배를 집례하며 설교를 전하는 때였습니다. 그날 이후로 저는 2016년, 거의 1년을 마치 철없는 어린아이처럼 잘 울면서 지냈습니다. 어떤 때는 혼자 울 때도 있었고, 어떤 경우는 교인들 앞에서나 많은 사람 앞에서 공개적으로 운 적도 몇 번 있습니다. 그 뒤부터 몇몇 권사님들이 저를 "울보 목사"라고 부르기 시작했습니다. 그래서 저는 한때 뜻하지 않게 눈물 많은 철없는 "울보 목사"가 되어 버렸습니다.

지난 2016년! 그 한 해 동안 저는 정말 많이 울었습니다. 왜 그렇게 울었는지 잘 모를 정도입니다. 몇 년이 지난 지금 다시 생각해도 마찬가지입니다. 그때 왜 그렇게 내가 주체할 수 없는 눈물을 흘렸는지 저 스스로도 여전히 놀랍니다. 그때는 정말 시도 때도 없이 울었습니다.

내가 울고 싶어서 운 적도 있었고, 울만 한 이유가 있어서 운 적도 있었지만, 어떤 경우는 나도 모르게 내 의지와는 상관없이 그냥 눈에서 눈물이 나와 저절로 운 적도 있습니다. 장소와 상황도 상관없었습니다. 어떤 때는 사무실에서 울고, 어떤 때는 그냥 길을 걸어가다가 울고, 어떤 때는 운전하는 중에 울고, 어떤 때는 성경을 읽다가 울고, 어떤 때는 설교 말씀을 준비하다가 울고, 어떤 때는 찬양을 듣다가 울고, 어떤 때는 남들과 이야기를 나누다가 울고, 나는 그렇게 울고 울고 또 울었습니다. 그 모든 눈물은 예고도 없었고 조짐도 없었습니다. 저는 그때마다 그냥 울었습니다. 그냥 하염없이 흐르는 눈물의 흐름에 나 자신을 맡겼다는 표현이 맞을 것입니다.

이처럼 2016년 1년 한 해는 눈물의 한 해였습니다. 만일 그때 제가 경험했던 2016년 달력을 손으로 쥐어짠다면 틀림없이 그 달력 속에서는 그동안 녹아져 있던 저의 눈물이 주룩주룩 다시 흘러나오리라 확신할 정도입니다.

그때도 그렇고 지금도 그렇지만 그 모든 눈물에는 한 가지 분명한 것이 있었습니다. 그때의 눈물은 '피눈물'이 아니라 '은혜의 눈물'이었습니다. 그때의 눈물은 '원통(怨痛)'해서 나온 울분(鬱憤)의 '피눈물'이 아니라 '애통(哀慟)'하며 흘린 간절한 '은혜의 눈물'이었습니다. 그때의 눈물은 억울해서 흘린 '한(恨)' 맺힌 눈물이 아니라, '한(限)'없이 밀려오는 하나님 만지심의 결과로 나올 수밖에 없었던 거부할 수 없는 은혜의 눈물이었습니다. 그때의 눈물은 두렵거나 무서워서 흘린 '공포(恐怖)'의 눈물이 아니라 그 두려움을 덮기에 충분한 하나님을 향한 '경외(敬畏)'가 묻어나는 은혜의 눈물이었습니다.

그래서 그때 나는 그 눈물이 좋았습니다. 그 눈물이 아름다웠습니다. 그 눈물을 사랑했습니다. 그 눈물을 기다렸습니다. 그 눈물이 창피하지 않았습니다. 부끄럽지도 않았습니다. 그 눈물 때문에 내 마음이 시원했고, 그 눈물 때문에 내 영혼이 다시 살아났으며, 그 눈물 때문에 절망 속에서 소망을 가질 수 있었으며, 그 눈물 때문에 위기 가운데 위로함을 얻었고, 그 눈물 때문에 지쳤을 때 새로운 힘을 얻었으며, 그 눈물 때문에 어두운 주변 상황 모든 것을 밝게 볼 수 있었기 때문입니다. 지금도 분명히 확신합니다만, 그때의 그 예고 없었던 거침없는 눈물은 그야말로 하나님께서 나에게 허락하신 은혜의 눈물이었습니다.

하나님께서는 그 눈물을 통해 저에게 많은 것을 알려 주셨으며, 많은 것을 깨닫게 하셨고, 많은 것을 결단하게 하셨습니다. 나는 그 눈물을 통해 하나님께서 아직도 얼마나 "군포교회"를 사랑하고 계시는지 알 수 있었습니다. 나는 그 눈물을 통해 왜 하나님께서 하나님 앞에 눈물 흘리며 우는 것 외에는 아무것도 할 수 없었던 이 나약하고 연약한 나를 그 교회에 보내셨는지 확신할 수 있었습니다. 그 이유는 분명했습니다. 군포교회는 그 은혜의 눈물이 필요한 교회였으며, 그 은혜의 눈물로 다시금 신앙의 회복을 이루어야 하는 교회였기 때문입니다. 그래서 하나님께서는 연약한 나에게 눈물을 주셨고, 나약한 나를 울게 인도하셨고, 급기야 나를 철없는 "울보 목사"로 만드셨습니다.

그 이유 모를 눈물! 시도 때도 없이 흐르는 눈물! 예고도 없는 흐르는 눈물! 때와 장소도 상관하지 않고 흘렀던 그 눈물! 그 주체할 수 없는 눈물의 사건들 하나하나를 통하여 하나님께서는 여전히 나에게 말씀하고 계셨으며 알게 모르게 나의 목회 길을 인도하고 계셨습니다. 그리고 그때마다 그 모든 과정을 통해 하나님께서는 변함없이 나로 하여금 눈물을 흘리도록 인도하셨습니다. 그 눈물은 나에게 생명이었습니다.

그 뒤부터 제가 마음에 확신하고 입에 침이 마르도록 선포한 문구가 있습니다. 그것이 지금 여러분이 들고 있는 이 작은 책의 제목이 되었습니다.

"은혜는 눈물이다!"

그것은 분명했습니다. 너무나 명확했고 확실했습니다. 정말 은혜는 눈물입니다. 은혜 뒤에는 항상 눈물이 있었습니다. 그리고 그 은혜의 눈물 뒤에 기쁨이 있었으며, 환희가 있었습니다. 그 은혜의 눈물 뒤에 용서가 있었으며, 사랑이 있었습니다. 그 은혜의 눈물 뒤에 감격이 있었으며, 감동이 있었습니다. 그 은혜의 눈물 뒤에 회복이 있었으며, 천국이 있었습니다. 바로 그 은혜의 눈물 뒤에 모든 것이 있었습니다. 그래서 저는 다시 강조해서 말 할 수밖에 없습니다.

은혜는 눈물입니다.

은혜는 눈물이다

나는 여전히 울보 목사인가?

그런데, 요즘 제가 조금 달라졌습니다. 전 요즘 예전 몇 년 전처럼 "울보 목사"라는 말을 잘 듣지 못합니다. 더 솔직히 말하면, 잘 듣지 못하는 것이 아니라 아예 듣지 못합니다. 지금은 제 주변에 절 "울보 목사"라 부르는 사람이 아예 없어졌습니다. 그 이유는 간단합니다. 제가 이전만큼 잘 울지 않기 때문입니다. 언제부터인가 제 눈에서 어느덧 과거 그때에 흘렸던 눈물이 사라져 버린 듯한 느낌을 받습니다. 제 눈에서 눈물이 말라 버린 듯합니다.

그래서 저는 이 점이 몹시 두렵습니다. 저는 이 사실이 매우 겁납니다. 저는 이 상황에 매우 떨립니다. 내가 더는 예전과 같이 잘 울지 않는다는 점이 상당히 위험하게 느껴집니다. 내 눈에서 눈물이 메마른 듯한 이 상황이 매우 두렵게 다가옵니다. 그것은 예전과 비교해서 내 영혼 속에 하나님의 은혜가 그 만큼 말라 버린 증거일 수 있다는 "거룩한 위기감" 때문입니다. 내 눈에서 눈물이 말랐다는 것은 내 영혼에 하나님의 은혜가 말랐다는 뜻이요. 내 눈에 눈물이 멈춘다는 것은 내 영혼에 하나님의 은혜가 멈춘 것입니다.

그래서 나는 다시 울고 싶습니다. 예전처럼 다시 뜨겁게 하나님 앞에서 울고 싶습니다. 이전과 같이 정말 "지금 하나님의 은혜가 나로 하여금 이렇게 울게 만들고 있구나!"라는 고백이 나오던 때와 똑같이 그렇게 다시 울고 싶습니다. 정말 간절히 다시 은혜의 눈물을 흘리고 싶습니다. 이러한 소망을 과거 미국의 부흥사 무디(D. L. Moody) 선생은 이런 식으로 고백했다고 합니다.

> 내가 처음 주님의 은혜를 체험하여 뜨거운 눈물을 흘렸을 때 받았던 그 은혜의 순간을 다시금 체험할 수 있다면, 내가 가진 모든 것을 팔아서라도 그 눈물을 다시 누리고 싶다!

뜨거운 은혜의 눈물을 흘린 경험이 있는 무디 선생님의 이 고백은 지금 이 글을 쓰고 있는 저의 간절한 마음을 충분히 대변하는 듯합니다. 나 또한 그때의 그 눈물을 회복하고 싶으며, 그때의 그 눈물을 다시 흘려 보고 싶습니다. 그래서 다시 한번 하나님 은혜의 품 안에 안기고 싶습니다. 나는 그 눈물의 은혜를 사모하는 사람이며, 그 눈물의 은혜 없이는 살 수 없는 사람이며, 그 눈물의 은혜 밖에는 몰라야 살 수 있는 사람이기 때문입니다.

그래서 감히 그 은혜의 눈물을 회복하고 그때의 그 뜨거운 눈물을 다시금 흘려 보고 싶은 간절한 마음에 급기야 이 책을 쓰게 되었습니다. 그리고 그러한 나의 간절한 소망과 염원 기도를 이 책에 빼곡히 담았기에 책 제목을 감히 "은혜는 눈물이다."로 정했습니다.

따라서 이 책의 목적은 이 책을 쓰고 있는 나부터 시작해서 현재 이 책을 읽고 있는 모든 사람으로 하여금 다시금 모두 다 하나님 앞에서 뜨거운 은혜의 눈물을 회복하도록 인도하고 실제로 그 눈물을 흘리게 하는

데 있습니다. 나는 분명히 하나님께서 이 책을 통하여 반드시 그 목적을 이루실 줄로 믿습니다. 우리는 울어야 합니다. 다시 울어야 합니다. 은혜는 눈물이기 때문입니다.

울자! 다시금 울어야 한다!

오늘날 여기저기서 한국 교회를 향한 염려의 소리가 드높고 한국 교회 목회자들과 교회 중직 및 심지어 일반 성도들을 향한 비난과 비판의 소리가 점점 거세지고 있습니다. 그래서 많은 사람이 과거 16세기에 일어났던 종교개혁이 오늘날 21세기 제2의 종교개혁으로 다시금 우리 한국 교회에서 일어나야 한다고 목소리를 높여 외치고 있습니다. 그러한 종교개혁이 다시금 일어나기 위해서 우리가 회복해야 할 하나님의 은혜는 여러 가지입니다. 그중에서 저는 특별히 말라 버린 '눈물'이 가장 먼저 회복해야 할 하나님의 은혜라 주장합니다. 하나님 앞에서의 뜨거운 참회와 회개의 눈물이 없이 진정한 개혁은 시작될 수 없고 하나님께로부터 허락받는 벅찬 은혜의 감동과 감격 없이 눈물 없이 올바른 개혁이 실천될 수 없습니다. 은혜는 눈물이기 때문입니다.

그 옛날 구약시대에도 타락한 이스라엘을 회복시키기 위해 하나님께서 예레미야 선지자를 위해 주신 희망의 말씀도 바로 눈물이었습니다. 예레미야는 그 말씀을 아래와 같이 외쳤습니다.

예레미야애가 2:18-19 그들의 마음이 주를 향하여 부르짖기를 딸 시
온의 성벽아 너는 밤낮으로 눈물을 강처럼 흘릴지어다 스스로 쉬지
말고 네 눈동자를 쉬게 하지 말지어다 초저녁에 일어나 부르짖을지
어다 네 마음을 주의 얼굴 앞에 물 쏟듯 할지어다 각 길 어귀에서 주
려 기진한 네 어린 자녀들의 생명을 위하여 주를 향하여 손을 들지어
다 하였도다

　이 말씀처럼 하나님께서는 예레미야를 통해 다시금 눈물을 흘리라고
권면하고 계십니다. 하나님의 말씀은 너무나 분명합니다. 한마디로, 울
라는 것입니다. 눈물을 흘리라는 것입니다. 애통하라는 말입니다. 그것
도 밤낮으로 눈물을 흘리며, 쉬지 말고 눈물을 흘리며, 초저녁에 일어나
눈물을 흘리며 손을 들고 부르짖어 기도하라고 말씀하고 계십니다. 하나
님께서는 그것이 다시금 무너진 이스라엘을 회복하는 길이며, 더 썩어
버려 소생 가능성이 없는 이스라엘 백성의 영혼을 다시금 살리는 방법이
라고 예레미야 선지자를 통해 가르쳐 주고 계신 것입니다. 은혜는 눈물
이기 때문입니다. 그래서 예레미야는 울었습니다. 눈물을 흘렸습니다.
그래서 눈물의 선지자가 되었고, 그 눈물을 잉크 삼아 적은 시(詩)가 성경
이 되었는데 그 성경이 우리가 잘 아는 "예레미야애가"입니다.
　이처럼, 눈물은 우리가 하나님께 나아가는 데 꼭 필요한 우리 영혼의
생명수이며 우리 신앙의 젖줄입니다. 반드시 신앙인은 울어야 합니다.
은혜자는 눈물이 있어야 합니다. 일찍이 괴테(Goethe)는 『빌헬름 마이스

터의 수업 시대(*Wilhelm Meisters Lehrjahre*)』라는 소설 속 주인공의 입을 통해 이렇게 말했습니다.

눈물 젖은 빵을 먹어 보지 않은 사람은
인생에 대해 논하지 마라!

이러한 괴테의 말을 빌려 저는 감히 이런 선포를 하고 싶습니다.

눈물 젖은 은혜의 순간을 맛보지 못한 사람은
신앙생활에 대해 논하지 마라!

나는 제가 한 이 말에 저 개인적인 모든 신앙 고백과 믿음을 걸 수 있습니다. 거듭 강조하지만 은혜는 눈물이기 때문입니다. 정말 하나님 앞에서 뜨거운 은혜의 눈물을 한 번도 흘려 보지 못한 사람은 함부로 신앙생활과 믿음 생활에 대해 논해서는 안 됩니다. 그 사람은 아직 은혜가 무엇인지 잘 모르며, 여전히 그 사람은 그 은혜의 깊은 곳을 아직 체험하지 못한 사람일 수 있기 때문입니다. 거듭 강조합니다. 다시 또 강조합니다. 우리 같은 어쩔 수 없는 죄인에게 눈물 없는 은혜는 없습니다. 은혜는 반드시 눈물을 동반하며 그 눈물은 그 사람이 받은 그 은혜의 깊이와 넓이를 증거합니다. 누구나 예외 없이 하나님의 은혜가 임할 때는 뜨거운 눈물을 흘립니다. 그것이 하나님 창조의 섭리이며 은혜의 방법이고 구원의 출발점입니다.

> 네가 세상에 태어날 때 너는 울었지만
> 세상은 기뻐했으니,
> 네가 죽을 때 세상은 울어도
> 너는 기뻐할 수 있도록 그런 삶을 살아라.

　북아메리카 인디언 부족인 나바호(Navajo) 족에 전해 내려오는 말입니다. 곰곰히 생각하고 적용해 보니, 얼마나 귀한 말인지 모릅니다. 우리가 태어날 때 모두 다 울지만 천국 갈 때 우리는 모두 저 천국을 보며 기뻐 웃어야 합니다. 그때 웃기 위해서 지금 뭘 해야 합니까? 지금 울어야 합니다! 누구 앞에서 울어야 합니까? 하나님 앞에서 울어야 합니다. 우리는 그 놀라운 하나님의 은혜 속에서 울어야 합니다. 나중에 천국 가며 웃기 위해서 지금 이 세상에서 울어야 하고, 나중에 하나님 나라에서 영원히 살기 위해서 지금 이 세상에 울어야 하며, 나중에 주의 품에 들어가 영원히 즐겁고 기쁘기 위해 현재 있는 그 자리에서 울어야 하고, 마지막 날에 새로운 부활의 몸으로 회복되기 위해 지금 우리는 울어야 합니다. 우리가 울 수 있을 때 울어야 하고, 하나님께서 울게 하실 때 울어야 하며, 모든 순간에 하나님의 은혜 때문에 울어야 합니다. 우리는 웃기 위해서 울어야 하고, 우리는 살기 위해서 울어야 하고, 우리는 천국에 들어가기 위해 울어야 하고, 우리는 지친 영성을 회복하기 위해 울어야 합니다.

은혜는 눈물이다

우리는 모두 그렇게 다시 울어야 합니다. 은혜는 눈물이기 때문입니다.

영웅선읍(英雄善泣) & 신자혜읍(信者惠泣)

다음은 연암 박지원의 『열하일기(熱河日記)』에 나오는 이야기입니다.

박지원 선생이 조선의 사절단으로 청나라 건륭제의 칠순 잔치를 축하하기 위해 청나라로 가던 중 그 넓은 만주 벌판을 봤습니다. 그때 그는 그 대자연이 주는 큰 감흥을 다음과 같이 글로 표현했습니다.

> 호곡장 가이곡의 영웅선읍 미인다루
> (號哭場 可以哭矣 英雄善泣 美人多涙)
> 아! 참 좋은 울음터로구나! 가히 한 번 큰소리 놓고 울만 하구나!
> 영웅이 잘 울고 미인은 눈물이 많다고 하지 않았는가?

박지원 선생이 만주 벌판을 보고 처음으로 한 말은 "아! 참으로 울기 좋은 장소로다!"였습니다. 그곳을 "호곡장(號哭場: 마음 놓고 목 놓아 울 수 있는 울음마당)"이라고 불렀습니다. 또 그는 영웅은 눈물이 많았다고, 즉 "영웅선읍(英雄善泣)"이라 썼습니다. 우리는 흔히 "남자는 평생 세 번 울어야 한다."고 말합니다. 그러나 그에게 그 말은 통하지 않았습니다. 그가 그 넓은 만주 벌판을 보면서 제일 먼저 느낀 것은 눈물이었습니다. 왜 그랬을까요? 대자연 앞에서 사람이 가장 사람답게 보이고 사람이 가장 솔직할 때가 바로 눈물을 흘릴 때이기 때문입니다. 그는 그것을 잘 알았던 것입니다.

과거 조선시대 대자연의 대지를 보면서 눈물을 생각했던 박지원 선생이 있었다면, 오늘날 한국 교회에는 전 우주 만물을 창조하신 하나님을 묵상하는 중에 눈물을 흘리는 우리들이 있어야 합니다. 남자든 여자든 어른이든 아이든 일단 사람이라면 울 수 있을 때 울어야 합니다. 하나님께서 울음을 주실 때 울어야 합니다. 하나님의 특별한 은혜가 임해 울고 싶은데 그 울음을 참으라는 것은 악마의 속임수요 유혹입니다. 남자 중의 남자인 영웅도 울었다면(영웅선읍[英雄善泣]), 신자다운 신자인 우리도 울어야 합니다(신자혜읍[信者惠泣]). 한국 교회 전체가 "호곡장"이 되어야 합니다. 하나님의 은혜로 말미암아 눈물을 흘리며 애통하며 주님께 매달리는 은혜의 눈물바다(호곡장)가 되어야 합니다. 그래서 저는 다시 한번 강조하며 선포합니다.

"은혜는 눈물이다!"

은혜의 눈물이 답이다 - 말 vs 말썽 & 사건 vs 사고

저는 개인적으로 미국에서 10년의 세월을 보냈습니다. 30대 초반에 미국으로 건너가 40대의 나이에 한국으로 돌아왔으니 제 나이 30대는 고스란히 미국에서 보낸 셈입니다. 그곳에서 거의 7년 가까이 공부하고 그 뒤 3년 약간 넘게 이민 교회에서 부목사로 사역하며 이민 목회를 경험했습니다. 그때 제가 평생 잊지 못할 목회적 교훈을 얻었습니다.

첫째, 교회는 "말(talk & gossip)"이 많은 곳이라는 점입니다. 이 점에 있어 어느 교회든 다 똑같은 것 같습니다. 교회는 정말 "말"이 많습니다. "태초에 말씀이 계셨고(요 1:1)" 그 말씀이 "천지를 창조(창 1:1)"하셨기 때문에 그런지는 모르겠으나(?) 하여간 교회는 "말"이 많습니다. 그런데 은혜가 있는 교회와 은혜가 없는 교회 사이에는 분명한 차이가 있습니다. 은혜가 있는 교회는 "말"이 많지만 그것이 "말썽(trouble)"으로 번지지는 않습니다. 그냥 말만 많을 뿐이지 그 말이 주님의 몸 된 교회를 흔들거나 깨뜨리지는 않습니다. 그러나 은혜가 없는 교회는 "말"이 많은 만큼 말하는 것마다 "말썽"이 되어 서로 싸웁니다. 결국 서로 싸우고 상처 입고 교회가 깨지는 결과를 낳습니다. 참 놀랍습니다. 똑같이 "말"이 많은 교회인데 어떤 교회는 그 "말"이 "말썽"으로 번지지 않고 조용히 사그라지며, 어떤 교회는 그 "말"이 나오는 것마다 하나같이 모두 "말썽"으로 번진다는 사실입니다. 심지어 은혜의 말을 해도 말썽이 되어 버리고 맙니다. 그러나 은혜 있는 교회는 비록 말이 많아도 그 "말"이 "말썽"이 되지 않고 나중에 그 말이 하나님의 "말씀"을 통해 해결된다는 것입니다.

둘째, 교회는 "일(issue)"이 그렇게 많이 터집니다. 이민 교회마다 바람 잘날 없고 조용한 날이 없습니다. 교회마다 대부분 항상 시험에 들 일들이 있으며 해결하기 복잡하고 어려운 갈등의 일들이 생겼습니다. 그런데 여기에도 은혜가 있는 교회와 은혜가 없는 교회 사이에는 분명한 차이가 있습니다. 은혜 있는 교회는 비록 "일"은 터지지만 그것이 "사고(事故, accident)"로 번지지 않습니다. 오히려 나중에 은혜의 "사건(事件, event)"으로 귀결됩니다. 전화위복(轉禍爲福)의 은총입니다. 그러나 은혜 없는 교회는 터지는 "일"마다 무조건 "사고"로 이어집니다. 여기서 우리는 "사고"와 "사건"을 구분해야 합니다. "사고"는 부정적인 개념이고, "사건"은 긍정적인 개념입니다. 예를 들어 봅니다. 우리가 십자가를 말할 때 "십자가 사건"이라 합니까? "십자가 사고"라고 합니까? 십자가 사건이라 합니다. 그것은 십자가 은혜의 사건입니다! 십자가 위에서 사고가 일어난 것이 아니라 십자가 위에서 은혜의 사건이 터진 것입니다. 또한 우리가 부활을 말할 때 "부활 사고"라고 하나요? 아니면 "부활 사건"이라고 하나요? 그것은 부활 사건입니다. 예수님 부활 때에 사고가 난 것이 아니라 은혜의 기적 사건이 터진 것입니다. 이처럼 똑같은 일인데 어떤 것은 "사고"로 번지고, 어떤 것은 "사건"으로 마무리 됩니다. 두 말할 나위 없이 그 차이의 원인은 "은혜가 있느냐? 없느냐?" 입니다.

　말과 일, 이 두 가지를 통해 제가 깨달은 것이 있습니다. 우선적으로 "은혜가 답이다!"라는 것입니다. 이것을 다르게 말한다면, "눈물이 답"입니다. 결국, "은혜의 눈물"이 답입니다. 은혜는 눈물이기 때문입니다. 눈물 없는 우리의 "말"은 곧바로 "말썽"이 됩니다. 눈물 없이 생긴 "일"은 곧바로 "사고"로 번집니다. 그 속에 은혜가 없기 때문입니다. 그러나 눈물 흘리며 하는 "말"은 그대로 "말씀"이 됩니다. 그리고 눈물 흘리며 생긴 "일"은 그대로 거룩한 은혜의 "사건"이 됩니다. 그 속에 은혜가 있기 때문입니다.

은혜가 있는 교회는 예외 없이 그곳에 기도의 사람들이 있었습니다. 그분들은 모두 눈물로 기도하는 사람이었습니다. 그분들은 남들이 '말(talk)'할 때 기도했고, 그분들은 남들이 '일(issue)'을 만들 때 혼자 남몰래 기도했습니다. 그리고 기도할 때마다 하나님 앞에 눈물을 흘렸습니다. 그 눈물의 기도가 은혜였습니다. 또한 그런 은혜가 있었기에 그런 눈물의 기도를 드릴 수 있었습니다. 이처럼, 은혜가 있는 곳에는 어김없이 눈물이 있습니다. 그래서 그 눈물이 있는 곳은 무슨 말을 해도 은혜가 되며 무슨 일을 해도 은혜의 사건이 됩니다. 우리 개인이, 공동체가, 교회가, 가정이 은혜의 장소가 되기 위해서 우리는 눈물을 흘려야 합니다. 은혜의 눈물을 흘려야 합니다. 하나님 앞에서 간절히 울어야 합니다. 은혜는 눈물이기 때문입니다.

하나님께서는 우리의 눈물을 보신다

하나님께서는 이스라엘이 바벨론에게 망하는 때에 예레미야 선지자를 통하여 회개의 눈물을 말씀하셨습니다(애 2:18-19). 그 뒤 하나님께서는 바벨론 포로 시기에 에스겔 선지자를 통하여 회복의 눈물을 말씀하셨습니다(겔 9:3-4). 예레미야 선지자를 통하여 이스라엘이 망하는 시기에 필요한 것이 눈물임을 말씀하셨던 하나님께서 다시금 에스겔 선지자를 통해 이스라엘 나라의 회복과 백성의 구원을 꿈꾸는 이들에게 필요한 것이 눈물임을 강조하신 셈입니다. 에스겔은 환상을 통하여 하나님의 음성을 들었는데 성경은 그것을 다음과 같이 기록하고 있습니다.

> 에스겔 9:3-6 그룹에 머물러 있던 이스라엘 하나님의 영광이 성전 문지방에 이르더니 여호와께서 그 가는 베옷을 입고 서기관의 먹 그릇을 찬 사람을 불러 여호와께서 이르시되 너는 예루살렘 성읍 중에 순행하여 그 가운데에서 행하는 모든 가증한 일로 말미암아 탄식하며 우는 자의 이마에 표를 그리라 하시고 그들에 대하여 내 귀에 이르시되 너희는 그를 따라 성읍 중에 다니며 불쌍히 여기지 말며 긍휼을 베풀지 말고 쳐서 늙은 자와 젊은 자와 처녀와 어린이와 여자를 다 죽이되 이마에 표 있는 자에게는 가까이 하지 말라 내 성소에서 시작할지니라

하나님께서 먹을 든 서기관에게 명령하시기를 죽지 않고 살릴 사람의 이마에 표를 그리라고 말씀하십니다. 중요한 것은 이마에 표를 받는 사람이 우는 사람이라는 점입니다. 그들은 무엇 때문에 웁니까? 하나님의 공동체 속에서 일어나는 모든 가증한 일 때문에 눈물을 흘립니다. 하나님께서는 그들만을 살리시겠다고 말씀하십니다. 그리고 그 일을 하나님의 집인 성소에서부터 시작하겠다고 말씀하십니다.

얼마나 무서우면서도 한편으로는 위로가 되는 말씀입니까? 죽을 자와 살릴 자를 하나님께서 분류하신다는 말씀도 무섭고, 특별히 그것을 다른 곳이 아닌 하나님의 집인 성소에서부터 제일 먼저 시작하신다는 말씀도 두렵습니다. 그러나 은혜의 하나님께서는 그 죽음을 넘어갈 수 있는 해결책도 동시에 보여 주십니다. 그것이 눈물입니다. 그 눈물은 그냥 흘리는 눈물이 아니라 지금 주변에서 일어나고 있는 그 수많은 가증한 일에 대하여 가슴을 치며 탄식하는 경건한 사람들의 눈물입니다.

그들은 왜 눈물을 흘릴까요? 그들에게는 그렇게 가슴을 치며 눈물 흘리는 것 말고는 다른 해결책이 없었기 때문입니다. 만약 그들은 눈물을 흘리지도 않고 쉽게 해결할 수 있는 그 어떤 방법이 있었다면 그렇게 했을 것입니다. 그러나 그들에게는 해결 방법도 없고 해결 능력도 없습니다. 그래서 우는 것입니다. 그러니 지금도 우리는 울어야 합니다. 오늘날 우리 주변에 일어나는 수많은 하나님의 영광을 가리는 가증한 일에 대하여 우리는 울어야 합니다. 통곡해야 합니다. 눈물을 흘리며 기도해야 합니다. 현재 우리가 어떻게 손을 써 볼 수 없을 지경으로 이곳저곳에서 가증하고 불경건한 일들이 발생하고 있기 때문입니다. 그러니 우는 것 외에는 아무것도 할 수 없는 우리들은 무조건 울어야 합니다. 그래야 살 수 있고, 그래야 살릴 수 있습니다.

예수님께서 "그러나 인자가 올 때에 세상에서 믿음을 보겠느냐(눅 18:8)?"라고 말씀하셨는데, 마지막 날에 참 믿음을 가진 사람은 과거 에스겔 선지자가 쓴 말처럼 마지막 날의 가증한 모습을 보며 탄식하며 우는 사람입니다. 은혜는 눈물이요, 눈물은 은혜의 현상인데, 그런 은혜로 우리가 허락받는 것이 믿음이기 때문입니다. 우리가 믿어서 구원을 받는 것이 아니라 우리가 구원을 받을 사람이기 때문에 믿음이 주어지는 것입니다. 그러므로 믿음도 선물이요, 선물이기 때문에 은혜인데, 그 은혜의 현상이 눈물입니다. 따라서 마지막 날에 하나님께서 이마에 표를 하시고 살릴 사람은 바로 지금 이 순간 하나님 앞에서 눈물로 기도하며 우는 사람입니다. 하나님께서는 그렇게 우리의 눈물을 보십니다.

주지삼읍(主之三泣) - 예수님께서 흘리신 세 번의 눈물

이런 위대한 은혜의 눈물은 역설적으로 침묵입니다. 눈물은 소리가 없습니다. 눈물은 외치지 않습니다. 눈물은 소리 지르지도 않습니다. 시냇물도 졸졸 흐르는 소리를 내는데 눈물은 전혀 소리가 없습니다. 그러나 그 소리 없는 눈물은 이 세상의 그 어떤 큰 소리보다도 강한 힘을 가지고 우리의 영혼을 송두리째 흔들어 놓습니다. 그것이 눈물의 영적 힘입니다. 성경말씀을 보면 예수님께서도 우셨다고 합니다.

> 요한복음 11:35 예수께서 눈물을 흘리시더라

이것이 예수님께서 침묵으로 말하신 눈물입니다. 하나님께서는 왜 이

구절을 성경 속에 남겨 놓으셨을까요? 여러 가지 이유가 있겠으나 한 가지 분명한 것은 하나님께서 예수님의 이 눈물을 통해 우리에게 계시하실 것이 있으셨기 때문입니다. 그럼 그것이 무엇일까요? 그 질문의 정답은 우리도 예수님처럼 울어야 한다는 것입니다. 예수님께서 우셨다는 그 놀라운 사실을 통해 하나님께서는 우리도 예수님처럼 눈물을 흘려야 한다는 것을 가르쳐 주고 계신 것입니다.

예수님께서도 눈물을 흘리시고 우셨다라는 점을 생각할 때 그때서야 우리에게 멀게 느껴지던 예수님이 참 가깝게 느껴집니다. 뜨거운 피와 눈물을 가진 하나님의 형상을 지닌 우리 사람은 차가운 로봇(Robot)에게서 인간성을 느낄 수 없습니다. 로봇은 울지 않습니다. 로봇에게서는 인간미를 찾을 수 없으며 하나님의 형상도 찾을 수 없습니다. 그러나 그것이 사람이든 짐승이든 눈물을 흘리며 우는 존재를 통해서는 우리 사람들은 인간성을 느낍니다. 무엇인가 눈물을 흘린다는 것은 가장 인간적인 모습을 나타내는 외적 현상이기 때문입니다. 그래서 사람은 서로 우는 것입니다.

예수님께서는 그렇게 우리와 똑같이 눈물을 흘리며 울어 주심으로 그렇게 사람이 되실 필요도 없었고, 되어서도 안 되는 분이었습니다. 그런데 의도적으로 사람이 되셨고, 그리고 더 나아가 눈물을 흘리심으로써 정말 우리와 똑같은 진정한 사람이 되셨습니다. 이보다 더 큰 사랑이 어디에 있습니까? 예수님은 실로 100% 사람이십니다. 그런데 그냥 사람이 아니라 하나님의 신적 사랑으로 충만한 100% 신격(神格)을 지닌 사람이십니다. 그 사실은 예수님께서 눈물을 흘리며 우셨다는 사실을 통해 더욱더 명확해집니다. 예수님께서 단지 사람이라는 이유만으로 눈물을 흘렸다면 그것은 매우 미약하고 나약한 모습일 것입니다. 그러나 예수님께서 눈물을 흘리게 된 이유를 생각하면, 그것은 정말 사랑이 충만한 위대한 눈물이었음을 고백할 수밖에 없습니다. 그 눈물이야말로 완벽한 사랑이 충만한 상황에서 나온 눈물입니다.

예수님의 세 가지 액체 – 피, 땀, 눈물

사람이 뭔가 큰일을 이루려 할 때 꼭 흘려야 하는 세 가지 액체가 있습니다. 그것은 "피와 땀과 눈물"입니다. 피는 희생이요, 눈물은 사랑이요, 땀은 헌신입니다. 세상 역사를 살펴보아도 이 세 가지 액체를 흘리지 않고 위대한 업적이 이루어진 예는 없습니다.

첫째, 피는 희생입니다. 과거 일제 강점기 중국이나 만주에서 독립운동에 참여하려면 세 가지 각오를 묻는 질문에 답할 수 있어야 했습니다. "당신은 나라를 위해 총에 맞아 죽을 각오가 되어 있는가?" "당신은 나라를 위해 굶어 죽을 각오가 되어 있는가?" "당신은 나라를 위해 얼어 죽을 각오가 되어 있는가?" 이 세 가지 각오를 묻는 질문에 확실히 답해야 독립운동의 일원으로 헌신할 수 있었다고 합니다. 그 세 가지 질문을 한 가지로 요약한다면 희생입니다. 희생이 무엇입니까? 피입니다.

둘째, 눈물은 사랑입니다. "나는 모든 인도인의 눈에서 눈물을 닦아 주고 싶다." 이것은 힘없고 나약한 인도의 민중을 보면서 간디가 한 말입니다. 자기 민족을 향한 사랑이 눈물로 표현된 것입니다. 우리가 왜 자녀를 위해 기도하며 울고, 왜 교회를 위해 기도하며 울고, 자기 자신을 위해 기도하면서 웁니까? 이유는 간단합니다. 그만큼 사랑하기 때문입니다. 그래서 눈물은 사랑입니다.

셋째, 땀은 헌신입니다. 개미처럼 열심히 일하며 일할 수 있을 때 최선을 다하여 일하는 것은 땀으로 증명됩니다. 땀 없이 이루어지는 열매는 없습니다. "연습장에서의 땀 한 방울은 링 위에서 흘리는 핏방울이다." 이 말은 격전의 날을 앞두고 구슬땀을 흘리며 운동하는 격투기 선수들이 하는 말입니다. 에덴동산 이후로 사람은 땀을 흘려야 열매를 얻을 수 있습니다. 그것이 하나님께서 세우신 생산의 원리입니다. 그래서 우리는 땀 없이 소득을 바라는 사람을 불한당(不汗黨)이라 합니다. 열매를 얻기 위해서 우리는 땀을 흘려야 합니다. 땀은 헌신입니다.

결론적으로 "피! 땀! 눈물!" 이 세 가지는 사람이 뭔가 대업(大業)을 이루기 위해 반드시 흘려야 하는 세 가지 액체입니다. 예수님께서는 이 세상에 오셔서 이 세 가지 액체를 모두 흘리셨습니다. 예수님께서도 이 세상에 오셔서 사역을 감당하실 때 흘리신 것이 세 가지였습니다. 그것은 "피와 땀과 눈물"입니다. 이것을 저는 감히 "예수님의 삼 대 액체"라 부르려 합니다. 예수님의 피, 예수님의 땀, 예수님의 눈물, 이 세 가지가 있었기에 오늘날까지 우리가 살 수 있었고 앞으로도 영원히 살 수 있음을 확신합니다. 예수님께서는 십자가 위에서 희생의 피를 흘려 주셨고, 세상에 사시는 동안 머리 둘 곳이 없으실 정도로 다니시며 땀을 흘려 복음 사역을 하셨으며, 총 세 번 눈물을 흘리며 우셨다고 성경은 증거합니다. 그런 의미에서 "서쪽 하늘 붉은 노을(찬송가 158장)"이라는 찬송가 2, 3절 가사에 세 가지 액체가 나옵니다. 그 세 가지는 피와 땀과 눈물입니다.

> 땀과 눈물 붉은 피가 가득하게 고였구나(2절)
>
> 눈물 없이 못 가는 길 피 없이는 못 가는 길(3절)

땀과 눈물, 붉은 피! 이 찬송가 가사에는 분명히 세 가지 액체가 나옵니다. 그 세 가지는 피와 땀과 눈물입니다. 이 찬양 가사는 순교자 주기철 목사님께서 쓰신 글입니다. 주기철 목사님께서 흘리신 피와 땀과 눈물의 열매가 순교였음을 생각할 때 하나님 앞에서 진정한 은혜의 눈물을 흘려 본 사람은 이 가사 앞에 그 사람의 영혼이 숙연해짐을 느낄 수밖에 없습니다. 우리의 신앙생활 속에 믿음, 소망, 사랑이 영원히 함께하듯 우리 평생의 은혜 경험 속에는 피와 땀과 눈물, 이 세 가지 액체가 항상 있을 것이라 확신합니다.

하나님께서 기회를 허락해 주신다면 저는 앞으로 "예수님의 삼 대 액체"에 대해서 글을 계속 쓰고 싶습니다. 그 첫 시도가 하나님의 은혜 가운데 결실을 보았는데, 바로 지금 여러분들의 손에 들려 있는 『은혜는 눈물이다』라는 이 책입니다. 이 책은 예수님의 세 가지 액체 중 눈물에 대한 글입니다. 하나님의 말씀인 성경은 예수님께서는 모두 세 번 눈물을 흘리고 우셨다고 증거합니다. 저는 개인적으로 이 놀라운 사건을 한문으로 "주지삼읍(主之三泣)"이라 부릅니다.

이 책은 그렇게 세 번 우신 예수님을 영혼의 중심에 두고 쓴 목회 수필입니다. 이제 그 눈물에 대한 묵상을 여러분들과 함께 시작하려 합니다. 부디 여기에 동참해 주시기 바랍니다. 끝까지 함께해 주시기를 소망합니다. 그렇게 동참하시고 끝까지 함께한 분들은 반드시 이 책을 통해 깊은 하나님의 은혜를 경험하게 되리라 확신합니다. 그리고 책의 마지막 장을 덮는 순간 이미 그 사람의 눈은 눈물로 충만히 젖어 있으리라 확신합니다. 이 책은 은혜와 눈물에 대한 책이며 이 책을 통해 받는 은혜는 눈물로 표현되기 때문입니다.

나의 눈물 예수님의 눈물

눈물 젖은 기도! 눈물 젖은 간구! 눈물 젖은 찬양! 눈물 젖은 신앙 고백! 그것이 있기 전에는 진정한 은혜 생활에 대해 감히 말하기 어렵습니다. 오로지 하나님 앞에서 감격과 통회의 눈물을 흘려 본 사람만이 은혜에 대해서 제대로 말할 수 있습니다.

2장

예수님, 그분도 우셨다(요 11:35)

세 명의 여자, 서로 따로 울다!

지난 2010년 벤쿠버 동계 올림픽의 피겨 스케이팅 시상식 때 일입니다. 3명의 피겨 스케이팅 여자 선수가 무대 정중앙에 서 있었습니다. 금메달은 한국의 김연아 선수, 은메달은 일본의 아사다 마오, 동메달은 캐나다의 조애니 로세트였습니다. 이날 이 세 명의 여자 선수가 다 눈물을 흘렸습니다. 그런데 그 눈물의 내용이 달랐습니다.

첫 번째, 한국의 김연아는 "야! 내가 드디어 정말로 해냈구나!"라는 기쁨과 감격의 눈물이었습니다. 두 번째, 일본 아사다 마오는 "이럴 수가! 내가 이렇게 지다니!"라는 억울함과 분함이 있는 2등의 눈물이었습니다. 그래서 신문에서는 "소설 『삼국지(三國志)』에서 제갈량에게 진 주유의 눈물이다."라고 표현했습니다. 세 번째, 캐나다 조애니 로세트는 그리움의 눈물이었습니다. 경기하기 얼마 전에 어머니가 돌아가셨는데, "어머니가 조금만 더 오래 사셨으면 이 기쁜 소식을 보셨을 텐데."라고 하는 그리움의 눈물이었습니다.

    같은 날, 같은 때, 같은 장소에서, 같은 일로 똑같은 눈물을 흘렸으나 그 내용이 서로 달랐습니다. 눈물을 흘리는 현상은 같았으나 그 현상 속에 숨어 있는 본질상의 그 의미는 '삼인삼색(三人三色)', '삼인삼읍(三人三泣)', '삼녀삼읍(三女三泣)'으로 각각 달랐습니다.

예수께서 눈물을 흘리시더라!

    똑같은 눈물이라도 남자와 여자의 눈물이 다르고, 어른과 아이의 눈물이 다르고, 결혼식과 장례식 때의 눈물이 다르고, 승리와 패배 때 눈물이 다르며, 은혜 받은 자와 시험 든 사람의 눈물이 다르듯이, 예수님의 눈물과 우리의 눈물은 같을 수가 없습니다. 물론, 그 외적 현상은 비슷할 수 있습니다. 그러나 그 눈물을 통하여 계시되는 하나님의 마음과 그 은혜의 깊이, 그 눈물의 영적 의미를 생각할 때 예수님의 눈물은 우리의 눈물과 차원이 달라도 너무나 다른 눈물입니다. 하나님께서는 그 예수님의 거룩하고 심오한 눈물을 성경에 기록해 놓으셨습니다.

>   요한복음 11:35 예수께서 눈물을 흘리시더라
>
>   John 11:35(GNT) Jesus wept

한 절! 너무나 짧고 간단명료합니다. 영어로는 더 짧습니다! 아마 신약성경 구절 중 제일 짧은 구절일 것입니다. 그러나 이 짧은 한 절의 말씀 속에 하나님의 깊은 마음이 담겨져 있습니다. 은혜가 있습니다. 이것은 눈물에 관한 계시의 기록이기 때문입니다.

성경 기록으로 보면, 예수님께선 총 세 번 우셨습니다. 첫 번째는 베다니에서 우셨습니다(죽은 나사로를 살리시기 전에 우셨습니다[요 11:35].). 두 번째는 예루살렘에서 우셨습니다(산 위에서 예루살렘 성을 바라보면서 우셨습니다 [눅 19:41].). 세 번째는 겟세마네 동산에서 우셨습니다(마지막 잡히시던 날 밤에 기도하면서 우셨습니다[마 26:36-39].). 참 중요한 기록입니다.

예수님께서 왜 우셨는가? - 첫 번째 이유

여기서 질문이 생깁니다. "왜 우셨는가?" 하나님과 동등하신 예수님께서 왜 우셔야만 했는가? 차라리 웃으셨다면 이해가 됩니다. 그런데, 성경에 예수님께서 웃으셨다는 그런 기록은 없습니다. 다만 예수님께서 무척 기뻐하셨다는 것을 미루어 짐작할 수 있는 기록은 있습니다. 그것은 바로 예수님께서 "주님은 그리스도시며 살아 계신 하나님의 아들이십니다(마 16:16, 현대인의성경)."라는 베드로의 신앙 고백을 들으셨을 때입니다. 그러나 성경은 그때 예수님께서 웃으셨다고 말하지 않습니다. 성경에는 오로지 예수님께서 눈물을 흘리며 우셨다는 기록만 있습니다! 그것도 세 번씩이나? 그럼 대체 예수님께서 왜 우셨을까요? 여기에는 바로 세 가지 이유가 있습니다.

첫째, 우리와 똑같은 사람이 되셨기 때문입니다. 예수님께서는 말씀이 육신이 되어 우리 가운데 거하심으로 우리와 똑같은 사람이 되셨기 때문에 그렇게 눈물을 흘리며 우셨습니다. 여기서 질문 하나 드리겠습니다. 예수님은 100% 하나님과 같으신 신일까요? 아니면 100% 사람일까요? 답은 둘 다입니다. 예수님께서는 100% 하나님과 똑같은 신이시면서, 100% 우리와 똑같은 사람이십니다. 이것은 예수님만이 가지고 계신 존재의 신비입니다. 우리 능력으로 설명할 수도 없고 설명되지도 않습니다. 신성과 인성, 둘 다 똑같이 인정되어야 합니다. 둘 중 하나도 무시되거나 약화되거나 소외되거나 떨어지지 않아야 합니다. 마치 외줄 타는 사람이 양 손에 들고 있는 장대와 같이 똑같은 균형을 맞춰야 합니다. 아이들이 타는 시소의 두 대칭과 같이 똑같아야 합니다. 마치 새의 두 날개와 같이 똑같아야 하는 것입니다. 이것을 신학적으로 예수님의 "양성론(兩性論)"이라 합니다. 100% 신성(神性), 100% 인성(人性)으로 한 "인간 안에 두 가지 본성(two natures in one person)"이 있습니다.

그런데, 보통 어떤가요? 우리는 어느 쪽에 더 신경을 쓰고 관심을 두고 있습니까? 일반적으로, 예수님의 신성만 생각하는 경향이 있습니다. 그래서 우리는 인간적인 면은 거의 생각하지 않습니다. 그러나 성경은 분명히 그런 예수님께서도 정말 우리와 똑같은 사람이셨음을 여러 곳에서 증거합니다. 그 증거 중의 하나가 오늘 성경말씀의 눈물입니다!

우리는 흔히 사람 같지 않은 사람, 사람처럼 보이지 않는 슈퍼맨, 철인, 강인한 사람을 피도 눈물도 없는 사람이라고 흔히 말합니다. 그런데 그런 사람이 어느 순간 인간으로 보일 때가 있습니다. 그때가 언제입니까? 그 사람이 눈물을 흘릴 때입니다. "야! 저 사람도 결국에는 그냥 연약한 인간이구나!" 그 사람이 우는 모습을 볼 때, 우리는 그때 가장 인간다운 느낌을 받습니다.

예를 들어, 아놀드 슈왈제네거가 주연한 미래 로봇과 인간의 전쟁을 다룬 영화 "터미네이터2"를 보면 아주 흥미로운 장면이 하나 나옵니다. 터미네이터 로봇이 미래의 꼬마 영웅과 동행하며 그를 보호하고 지키고 있었습니다. 그때 터미네이터 로봇이 주인공 남자아이의 눈물을 보게 됩니다. 그리고 묻습니다. "눈에서 흐르는 액체가 뭐냐?" 아이가 대답합니다. "이것은 눈물이고 슬플 때 나오는 것이다." 그 말을 로봇은 이해하지 못합니다. 터미네이터 로봇은 피도 눈물도 없는 차가운 기계 로봇이기 때문입니다. 영화 맨 마지막 장면에서 로봇이 아이와 헤어지는 슬픈 장면에서 비로소 말합니다. "이제야 왜 사람들이 헤어질 때 눈물을 흘리는지 조금 알 것 같다." 그러나 안타깝게도 로봇의 눈에서는 눈물이 나오지 않습니다. 사람이 아닌 차가운 로봇이기 때문입니다.

바로 이것입니다. 그렇습니다. 눈물이란 바로 그런 것입니다. 몸속에 뜨거운 피가 흐르고 그 피로 말미암는 감정이 살아 있는 사람과 사람 사이에서만 통할 수 있는 무언의 계시, 무언의 대화, 천 마디 말보다 많은 의미를 지니고 있는 것이 눈물 한 방울입니다.

미국 한인 교회 남자 집사님이 계셨습니다. 그 집사님은 눈물 한 방울 흘리지 않으실 것 같은 아주 강인한 성격을 가지신 분이셨습니다. 그런데 그분이 뜻하지 않게 불치병이 걸렸습니다. 그러나 더욱더 강해지셨습니다. 마치 철인 같았습니다. 그런데, 나중에 그분이 천국으로 떠나신 다음 알게 된 가슴 아픈 사연이 있었습니다. 그분 혼자 남몰래 찾아가 우는 사람이 있었다는 것입니다. 바로 다른 인근 교회의 은퇴 권사님이었습니다. 그분을 찾아간 이유가 있었습니다. 그분도 똑같은 병을 앓고 있는 환자였습니다. 아무도 없는 곳에서 서로 손잡고 울었다는 것입니다. 그것은 그야말로 '동병상련(同病相憐)'의 눈물이었습니다. 그때 모든 사람이 깨달았습니다. "그렇게 강해 보이던 그분도 결국엔 사람이었구나!"

몸의 질병만이 아니라 마음의 상처와 아픔도 마찬가지입니다. 벽초 홍명희가 쓴 대하소설 중에 『임꺽정』이라는 작품이 있습니다. 임꺽정 밑의 여러 의형제 중 박유복이란 사람이 있었습니다. 하루는 임꺽정이 자신의 소굴인 청석골에 잡혀 온 포로를 죽이려는데 유독 박유복만은 그를 살려 주자고 합니다. 그 포로가 아버지가 없는 가운데 태어난 유복자(遺腹子)였기 때문이었습니다. 박유복도 유복자였습니다. 그래서 그의 어머니가 이름을 박유복이라 지어준 것입니다. 박유복이 그 포로를 살려 주려는 이유는 아주 단순합니다. 그저 둘이 똑같은 유복자 출신이라는 동병상련의 이유였습니다.

바로 여기에 예수님께서 우신 이유가 있습니다. "동병상련"을 뛰어넘는 "동읍상련(同泣相憐)"입니다. 같은 사연의 눈물을 흘리는 사람끼리(동읍[同泣]), 서로 생각하고 위로한다(상련[相憐])는 뜻입니다. 예수님께서 왜 우셨습니까? 울고 있는 우리에게 동병상련을 뛰어넘어 동읍상련의 위로자로 다가오시기 위해서 인간의 모습을 입고 우신 것입니다.

저 개인적인 경험입니다. 서른 살의 나이에 결혼 못한 총각으로 대학원(Th.M) 공부를 하면서 전도사로 교회에서 사역할 때였습니다. 한 번은 혼자 사는 자취방에서 크게 운 적이 있습니다. 제 희미한 기억에 수요일로 생각됩니다. 오후 4시가 조금 넘은 시간에 혼자서 울었습니다. 그야말로! 방성통곡(放聲痛哭)이라는 말이 무엇인지 이해할 만큼 심하게 그리고 크게 울었습니다. 제가 낼 수 있는 최대한의 소리로 실컷 소리를 지르며 울었습니다. 저처럼 그렇게 울어 보신 분들은 알겠지만, 그렇게 한참 울고 난 뒤에, 마음속에 좀 시원한 느낌은 있었습니다. 그런데 그것도 잠깐입니다. 얼마 지난 뒤 또다시 마음 한 구석이 살짝 에려 옵니다. 또다시 그렇게 울어 버리고만 나 자신에 대해 서럽고, 부끄럽고, 창피하고, 못나 보이고, 지저분해 보입니다.

그런데! 드디어 은혜의 사건이 터졌습니다. 며칠 후 주일 저녁 예배를 드릴 때였습니다. 예배 중 모두 다 회중 찬송으로 "내 주여 뜻대로(찬송가 549장)"를 불렀습니다. 그 가사는 이렇습니다.

1절) 내 주여 뜻대로 행하시옵소서 온몸과 영혼을 다 주께 드리니

이 세상 고락간 주 인도하시고 날 주관하셔서 뜻대로 하소서

2절) 내 주여 뜻대로 행하시옵소서 큰 근심 중에도 낙심케 마소서

문제는 그 다음 가사입니다.

주님도 때로는 울기도 하셨네 날 주관하셔서 뜻대로 하소서

"주님도 때로는 울기도 하셨네!" 내 마음이 이 가사에서 딱 걸렸습니다. 그 순간 모든 것이 다 멈추었습니다! 주변 상황이 일순간에 "All Stop" 되었습니다. 그래서 나머지 3절을 부르지 못했습니다. 그 순간 그 가사 내용에 눈이 꽉 박혀서 그 뒤를 부르지 못했습니다. 오랜 시간이 지난 지금도 생생히 기억합니다. 그때 굉장히 짧은 시간이었습니다. 그러나 굉장히 깊은 묵상을 했습니다. 마치 예수님께서 내 바로 옆에서 내 귀에 대고 이렇게 말씀하시는 것 같았습니다.

얘! 너 얼마 전에 울었다며? 그것도 너 혼자서? 야! 나도 울었어! 나도! 너만 운 게 아니야! 나도 울었어. 뭐 이 세상 살면서 너만 그렇게 힘들고 가슴 아프고 답답하고 서럽고 어려웠는 줄 아냐? 나도 이 세상에 내려와서 그 십자가 길 걸어갈 때 힘들어서 울었어! 그날 너 우는 거 내가 다 보고 있었어! 그때 나도 같이 울었다. 절대로 너 혼자

아니다.

정말 그렇게 말씀하시는 것으로 들리는 것이었습니다.

주님도 때로는 울기도 하셨네

물론 그때 제가 그 찬양을 처음 불렀던 것이 아니었습니다. 그 전에도 정말 수없이 불렀습니다. 그런데 참 이상했습니다. 그날따라 그 가사 내용이 완전히 새로운 모습으로 다가오는 것입니다. 진짜 거짓말이 아닙니다. 세상에 태어나서 처음 불러 보는 찬양 가사 내용처럼 들렸습니다.

저는 지금도 확신하고 있습니다. 절대 의심하지 않습니다. 아니! 의심되질 않습니다. 분명히 하나님께서 그때 수요일 오후 4시 이후에 제 눈물을 보신 것입니다. 그리고 날 위로하시기 위해 그날 저녁예배 때 그 찬송가 가사 내용을 사용하셨습니다. 그 가사를 통해 나에게 말씀하셨습니다. 그래서 제 찬송가에는 그때 은혜를 잊지 않으려고 그 가사 부분이 색 있는 형광펜으로 칠해 있습니다.

그 뒤부터 제게 아주 독특한 버릇이 생겼습니다. 성경말씀과 찬송가 가사 내용을 항상 같이 연결해서 보는 버릇입니다. 찬송을 통해 말씀하시기 때문입니다. 그래서 그 뒤부터 제가 설교할 때는 항상 그 설교 말씀과 관련한 찬송가 가사를 함께 소개하는 설교 방법을 즐겨 사용하게 되었습니다.

그런데 중요한 것은 지금 다시 생각해도 그때가 가장 예수님이 저에게 인간적으로, 인격적으로 가까이 다가오신 때였습니다. 마치 친형님 같았습니다. 저는 형이 없습니다. 2남 1녀 중 장남입니다. 그런데 그때 처음으로 느꼈습니다. "아하! 만약 내게 형이 있다면 이런 것이겠구나!" "예수님은 더는 가까이 하기에는 너무 먼 당신이 아니라 나와 동떨어진 저 멀리 계신 하나님과 동등한 신이 아니라 바로 내 옆에 붙어서 나와 똑같은 연약한 인간의 모습으로 함께 울어 주시는 형님 같은 분이로구나!" 예수님께서 나처럼 우셨다는 사실! 그것도 나를 위해! 바로 내 옆에서 함께 우셨다는 사실! 예수님을 그만큼 친근한 존재로 만들었습니다.

예수님께서 왜 우셨습니까? 바로 이것이 첫 번째 이유입니다. 이때까지 멀리 보이던 예수님, 가까이 하기에는 너무 먼 당신처럼 보이던 그 예수님이 '동병상련'을 뛰어넘는 '동읍상련'의 위로자로 다가오시기 위해서 우셨습니다.

예수님께서 왜 우셨는가? - 두 번째 이유

그런데 우리가 여기서 조심해서 이해해야 할 것이 있습니다. 예수님의 경우, 우리처럼 뭔가 부족해서 어떤 한계에 부딪혀서 울었다고 생각하면 안 됩니다. 우리처럼 그 문제를 해결하지 못해 할 수 없어 눈물을 흘리고 운 것이 아닙니다. 오직 우리를 사랑하기 때문에 우신 것입니다.

바로 여기에 두 번째 이유가 있습니다. 예수님께서 왜 우셨습니까? 우리를 그만큼 사랑하셨기 때문에 우셨습니다. 만약, 예수님께서 우리를 사랑하지 않으셨다면, 우리처럼 그렇게 구차하게 우실 필요가 없습니다. 구태여 말씀이 육신이 되어 우리와 똑같은 사람의 형상으로 이 세상에 오실 필요도 없고, 구태여 우리와 똑같이 되셔서 그렇게 눈물을 흘리실 하등의 이유와 필요가 전혀 없습니다. 그럼에도 불구하고, 일부러 의도적으로, 우리와 똑같은 모습으로 사람이 되시고, 더 나아가 우리와 똑같이 동읍상련의 눈물을 흘려 주셨다면 그 이유는 그 만큼 우리를 사랑하셨다는 것입니다. 그 만큼 우리를 사랑하셨기 때문에 우셨습니다.

"개구리 왕자" 이야기가 있습니다. 물론, 세월이 흐르면서 내용이 많이 각색되어 원작과 많이 달라져고 변했지만, 저주 받아 개구리로 변신한 왕자를 다시금 정상적인 사람으로 변화시킨 것이 무엇입니까? 눈물입니다. 그 개구리를 품에 안고 울면서 흘렸던 공주의 눈물! 그 뜨거운 사랑의 눈물이 개구리의 몸에 떨어져 그 개구리의 저주가 풀려 왕자로 돌아왔습니다.

정말로 사랑한다면, 그 사람이 아플 때 눈물이 나옵니다. 할 수만 있다면, 가능하다면, 차라리 내가 저 사람 대신 그 고통을 감당할 마음이 생깁니다. 만약 내 눈물로 그 아픈 부위를 씻어 낼 수 있고, 그 병든 부분을 완전히 치유할 수 있다면, 내 온몸을 다 짜내고, 내 온몸을 다 녹여내서라도, 그 눈물을 만들어 그 사람을 살려 내고 싶은, 그런 간절한 마음이 생긴다면 그것이 진정한 사랑입니다. 자녀를 향한 우리의 사랑이 그것 아닙니까? 이것이 바로 예수님께서 눈물을 흘리신 두 번째 이유입니다. 우릴 그만큼 사랑하셨다!

예수님께서 왜 우셨는가? - 세 번째 이유

세 번째 이유는 우리에게 있어서 가장 중요한 이유입니다. 우리도 예수님처럼 울어야 하기 때문입니다. "눈물 젖은 빵을 먹어 보지 않은 사람은 인생에 대해 논하지 마라!"고 했던 괴테의 말처럼 오늘 하나님께서는 우리에게 이렇게 말씀하십니다.

> 눈물 젖은 신앙생활을 해 보지 못한 사람은
> 은혜 생활에 대해 말하지 마라!

눈물 젖은 기도! 눈물 젖은 간구! 눈물 젖은 찬양! 눈물 젖은 신앙 고백! 그것이 있기 전에는 진정한 은혜 생활에 대해 감히 말하기 어렵습니다. 오로지 하나님 앞에서 감격과 통회의 눈물을 흘려 본 사람만이 은혜에 대해서 제대로 말할 수 있습니다.

왜? 눈물 없이 하나님의 은혜를 경험할 수 없기 때문입니다.

왜? 눈물 없는 하나님의 은혜는 없기 때문입니다.

그래서 은혜는 눈물입니다! 은혜는 눈물로 표현됩니다!

저 하늘을 두루마리 삼고 저 바다를 먹물 삼아도 다 표현 못하는 것이 은혜입니다. 그래서 나올 수밖에 없는 것이 눈물입니다! 그러므로 아직도 우리에게 눈물이 남아 있다! 그것은 아직도 하나님의 은혜가 우리에게 있다는 증거입니다. 그러나 우리에게 눈물이 없다? 우리 영혼에 눈물이 사라졌다? 눈물이 메말랐다? 그것은 은혜가 말랐다는 증거입니다! 눈물이 마른 것이 아니라 은혜가 마른 것입니다!

은혜를 경험한 사람은 압니다. 은혜의 순간을 회상해 보십시오. 이유도 모를 눈물이 흐릅니다. 그런데 사실은 그게 이유가 없는 것이 아닙니다. 이유가 있습니다. 은혜 때문에 눈물이 흐르는 것입니다. 다만, 처음이라 그 이유를 몰랐을 뿐입니다. 처음이라 그 이유가 없는 것처럼 느껴질 뿐입니다.

제가 주일마다 설교 사역하며 자주 경험한 것이 있습니다. 강대상 위에서 볼 때 눈물 흘리시는 분들이 계셨습니다. 왜 울겠습니까? 말 안 해도 다 압니다. 은혜의 순간에 있으니까 우는 것입니다. 오감 은혜 체험, 구태여 말할 필요도 없습니다. 말로 되지도 않습니다. 말로는 부족합니다. 눈물 흘리는 그 순간이 그냥 은혜의 순간입니다. 눈물을 흘린다는 그 사실 자체가 가장 강력한 은혜의 증거입니다! 그보다 강한 증거는 없습니다. 화려하고 유창한 말 몇 마디보다 몇 천배 더 강한 은혜의 증거! 그것이 하나님 앞에서의 눈물입니다. 그래서 하나님 앞에서 우는 사람은 구태여 "나 은혜 받았다!"라고 말하지 않아도 다 압니다. 물론, 다 큰 사람이 우는 것이 경우에 따라서 창피한 일일 수 있습니다. 그러나 문제는 누구 앞에서 우느냐? 무엇 때문에 우느냐? 입니다. 만약 그것이 하나님 앞에서 은혜 때문에 우는 것이라면, 절대로 창피하거나 숨기거나 할 부끄러운 일이 아닙니다.

분명히 기억해야 합니다. 주님도 때로는 우셨습니다. 그분도 우셨습니다. 예수님께서도 우셨답니다. 우리 영혼이 메말라서 못 우는 것! 그것이 문제이고 그것이 창피한 것이지, 하나님 은혜가 임해서 우는 것은 절대로 창피한 일이 아닙니다. 그래서 예수님께서는 마태복음의 산상수훈을 통해 말씀하셨습니다. "애통하는 자는 복이 있다." 그러면서 오늘도 우리에게 말씀하십니다. "너희도 울어라! 누구 앞에서? 하나님 앞에서! 왜? 나도 울었다!"

혼탁한 이 세상! 우리는 모두 다 회복을 원합니다. 저도 원하고 여러분도 원합니다. 하나님께서도 원하고 계십니다. 회복하려면 꼭 필요한 것이 있습니다. 그것은 눈물입니다. 하나님 앞에서의 눈물은 은혜의 증거입니다. 우리 모두 하나님 앞에서 은밀하게 울어야 합니다. 다시 한번 예수님의 피 묻은 손과 거룩한 옷자락을 붙들고 매달리며 울어야 합니다. 간절히 소망하기는, 그 동안 메말랐던 우리 영혼의 눈물이 다시 회복되기를 원합니다.

3장

예수님, "베다니"에서 우셨다(요 11:23-41)

사람들이 장례식장에서 항상 사용하고 듣는 말 중에 하나가 "삼가 고인의 명복을 빕니다."입니다. 이 표현은 우리나라 장례식장에서 항상 사용하는 일종의 관용어구입니다. 그런데 그리스도인은 이 말을 쓰면 안됩니다. '명복(冥福)'이라는 말은 명부(冥[어둘 명] 府[관청 부])에서 얻는 복이란 뜻으로 다분히 불교적 의미를 담은 용어이기 때문입니다. 불교에서죽은 사람이 가는 곳이 명부입니다. 지장보살과 (염라대왕을 포함한) 시왕이 그곳에 살고 있습니다. 그래서 "명복을 빕니다."라고 이야기하면 "지장보살의 은혜를 받기 원합니다."라는 뜻이 됩니다.

그러므로 그 뜻을 모르면 몰라도, 만약 이제 그 뜻을 안다면, 그리스도인은 그 표현을 절대로 사용해서는 안 됩니다. 우리에게는 명부가 아닌 저 하늘의 아름답고 찬란하며 영원한 천국이 있습니다. 염라대왕이나 지장보살이 아닌 생명과 부활 되시는 예수 그리스도가 계십니다. 그렇기때문에 이렇게 위로해야 합니다. "천국의 위로가 함께하기 원합니다." "예수님의 위로가 함께하기 원합니다." "주님의 부활의 소망이 함께하기 원합니다."

　이처럼, 장례식장에서의 말과 행동에는 나름 중요한 의미가 있기에 장례 예절은 매우 중요합니다. 그런 면에서 보자면, 오늘 성경 속 베다니 장례식장에 오신 예수님의 모습은 매우 이례적입니다. 그 이유는 이제 곧 밝혀질 것입니다. 그것을 위해 그 이례적인 모습을 예수님께서 말씀하신 것(what Jesus said-요한복음 11:23, 25-26), 예수님께서 보신 것(what Jesus saw-요한복음 11:33 전반부), 예수님께서 들으신 것(what Jesus heard-요한복음 11:36-37), 예수님께서 느끼신 것(what he felt-요한복음 11:33, 38) 그리고 예수님께서 보이신 것(what he showed-요한복음 11:35) 이렇게 다섯 가지로 나누어 생각해 보려고 합니다.

예수님께서 말씀하신 것 - 요한복음 11:23, 25-26

요한복음 11:23　예수께서 이르시되 네 오라비가 다시 살아나리라

　이것은 매우 이례적인 말씀입니다. 이 말씀 속에 쓰인 "다시 살아난다!"는 말은 헬라어 원문으로 '아나스테세타이(αναστήσεται)'라 하는데 시제가 미래 시제 중간태입니다. 먼 훗날의 이야기가 아니라 이제 곧 당장에 다시 살 것이라는 의미입니다. 이것이 예수께서 나사로의 장례식장에 오셔서 제일 먼저 하신 말씀입니다. 그것도 며칠 늦게 오셔서 이것을 말

씀하셨습니다. 예수님께서 유가족 대표를 만나셨습니다. 제일 먼저 마르다를 만나셨습니다. 어디서 만났을까요?

요한복음 11:30　예수는 아직 마을로 들어오지 아니하시고

　예수님께서 마르다를 어디서 만났습니까? 마을 밖! 집 밖에서! 장례식장 밖에서 만나셨습니다. 장례식장 안으로 아예 들어오시지 않은 상태에서 만나셨습니다. 그런데 거두절미(去頭截尾)하고, 그곳에서 밑도 끝도 없이 처음으로 하신 말씀이 "네 오빠가 다시 산다."입니다. 이것은 일반적인 상식을 깨는 엉뚱한 말이었습니다. 일반적인 문상 절차를 무시한 행동이며 아주 이례적인 무례한 행동입니다. 그런데 그보다 더 심한 상황이 그 뒤에 연출됩니다. 더 파격적인 것은 그 다음 절에 나오는 예수님의 자기 선언입니다.

요한복음 11:25-26　예수께서 이르시되 나는 부활이요 생명이니 나를 믿는 자는 죽어도 살겠고 무릇 살아서 나를 믿는 자는 영원히 죽지 아니하리니 이것을 네가 믿느냐

　"마르다야! 너 지금 너희 오빠 나사로가 죽었다고 그렇게 슬퍼하는데 … 너무 걱정 마라! 내가 왔다. 내가 바로 생명이요 부활이다. 내 앞에서 그깐 죽음은 전혀 문제가 되지 않는다. 봐라! 이제 내가 곧 네 오빠를 다

시 살려낼 거다! 그러니 그저 날 믿어라! 날 믿기만 해라!"

이것이 첫 번째 예수님께서 말씀하신 것입니다.

> 1) 자기 선언: "나는 부활이요 생명이다."
> 2) 약속: "내가 너희 오빠를 곧 살려 내겠다."

예수님께서 보신 것 - 요한복음 11:33 전반부

33절 전반부 말씀입니다.

> 요한복음 11:33   예수께서 그(마리아)가 우는 것과 또 함께 온 유대인
> 들이 우는 것을 보시고

예수님께서 마르다와 대화한 후 마리아를 부르셨습니다. 그래서 집에 앉아 있던 마리아가 급히 나오고 그때 함께 있던 다른 사람들도 같이 따라 나왔습니다. 마리아와 함께 집에 있어 위로하던 유대인들은 그(마리아)가 급히 일어나 나가는 것을 보고 곡(哭)하러 무덤에 가는 줄로 생각하고 따라갔습니다(31절). 거기서 마리아는 예수님을 만났습니다. 그런데 어디서 만나셨나요? 그 위 30절을 보시기 바랍니다. 예수님께서는 마을로 들어오지 않고 마르다를 맞이했던 곳에서 그들을 만났습니다. 예수님께서

는 유가족 마르다와 마리아 둘 다 집 밖에서 만났으며 장례식 밖에서 만났습니다. 마르다는 예수님을 혼자 만났고, 마리아는 함께 문상 온 유대인들과 함께 예수님을 만났습니다. 그때 예수님께서 보신 것이 있습니다. 그 사람들의 눈물입니다. 장례식장에서 그 사람들이 단체로 우는 모습을 보셨습니다.

33절 전반부를 다시 보면, 예수님께서 그(마리아)가 우는 것과 함께 온 유대인들이 우는 것을 보셨다고 했습니다. 지금 생명이고 부활이신 예수님! 그 예수님이 바로 옆에 계심에도 불구하고 여전히 죽음이라는 현실 상황 속에 갇혀 극도로 슬퍼하는 사람들의 눈물! 안타깝고 처절한 눈물! 예수님께서는 그것을 보셨습니다. 급기야 예수님께서 마리아에게 나사로의 무덤이 어디 있는지 물으셨습니다. 34절에서 예수님께서 질문하셨습니다. "그를 어디 두었느냐?" 그리고 그들과 함께 나사로의 무덤으로 이동합니다. 이때부터 예수님의 모습이 드러납니다.

예수님께서 들으신 것 - 요한복음 11:36-37

이때 무덤으로 이동하는 과정에서 예수님께서 들으신 것이 있습니다. 마리아를 따라 나왔던 사람들! 함께 있던 문상객 유대인들의 비난과 핀잔을 들으셨습니다.

요한복음 11:36-37 이에 유대인들이 말하되 보라 그를 얼마나 사랑하셨는가 하며 그중 어떤 이는 말하되 맹인의 눈을 뜨게 한 이 사람이 그 사람은 죽지 않게 할 수 없었더냐 하더라

풀어 설명하면, 이런 것이었습니다. "야! 저 예수란 사람, 결국엔 눈물 흘리네! 정말 저 사람이 나사로를 아끼고 사랑했는가 보다", "아니! 그런데 저 사람, 예전에 눈먼 사람의 눈도 뜨게 했다면서?", "아니 그런 초능력이 있는 사람이 그토록 사랑하는 이 나사로는 왜 죽게 내벼려 뒀데?", "기왕 이렇게 올 거 좀 일찍 와서 죽은 나사로를 미리 죽지 않도록 할 수 없었나?", "결국 저 사람도 그냥 죽음 앞에선 어쩔 수 없는 평범한 사람이네." 세 번째! 예수님께서 들으신 것입니다. 예수님을 향한 아쉬움, 의심, 비난, 핀잔, 비웃음, 평가절하를 들으신 것입니다.

예수님께서 느끼신 것 - 요한복음 11:33, 38

첫 번째 단계, 예수님이 말씀하신 것이 있습니다. "나는 부활이요 생명이다. 이제 곧 살려내겠다." 이것은 선언 약속입니다. 두 번째 단계, 예수님께서 보신 것이 있습니다. 죽음이라는 현실을 극복하지 못해 우는 주변 사람들의 모습입니다. 세 번째 단계, 예수님께서 들으신 것이 있습니다. 장례식에 참석한 주변 사람들의 비난과 조롱하는 말입니다. 그 과

은혜는 눈물이다

정 속에서 예수님께서 마음속으로 깊이 느끼신 것이 있습니다. 그것을 "비통함"이라고 합니다.

> 요한복음 11:33-38　예수께서 그가 우는 것과 또 함께 온 유대인들이 우는 것을 보시고 심령에 비통히 여기시고 불쌍히 여기사 이르시되 그를 어디 두었느냐 이르되 주여 와서 보옵소서 하니 예수께서 눈물을 흘리시더라 이에 유대인들이 말하되 보라 그를 얼마나 사랑하셨는가 하며 그중 어떤 이는 말하되 맹인의 눈을 뜨게 한 이 사람이 그 사람은 죽지 않게 할 수 없었더냐 하더라 이에 예수께서 다시 속으로 비통히 여기시며 무덤에 가시니 무덤이 굴이라 돌로 막았거늘

　예수께서 그(마리아)가 우는 것과 또 함께 온 유대인들이 우는 것을 보시고 심령에 "비통히" 여기고 불쌍히 여기셨습니다. 눈으로 보고 비통히 여기심이 생겼습니다(33절). 이에 예수께서 다시 (두 번째) 속으로 "비통히" 여기시며 무덤으로 가셨습니다(38절). 비통히 여기신 이유는 그 위 36-37절에서 알 수 있습니다. 유대인들의 비난 소리를 귀로 듣고 비통히 여기신 것입니다. 33절의 비통함은 주변 사람들이 우시는 것을 눈으로 보시고 심령에 비통히 여기신 것이고, 38절의 비통함은 주변 사람들의 비난을 귀로 들으시고 속으로 비통히 여기신 것입니다. 예수님의 관점에서는 속이 상하는 것입니다. 안타까운 것입니다. 심지어 화가 날 정도입니다.

여기서 "비통히 여기시다."는 분노에 가까운 슬픔을 이야기하는 것입니다. 그래서 유진 피터슨은 『메시지(*The Message*)』에서 이 표현을 "a deep anger([아주] 깊은 분노, 극심한 분노의 눈물)"라고 해석했습니다. 헬라어로는 "엠브리마오마이(ἐμβριμαόμαι, 분노하다[동사])"입니다. 이것을 분노의 눈물, "비통히"라고 번역한 것입니다. 이 단어는 "흥분해서 코를 씩씩거린다.", "맹수가 으르렁거린다."는 상황을 묘사할 때 사용합니다.

일반적으로 우리나라 사람은 "화가 난다."고 하면 머리와 연결합니다. "머리 뚜껑이 열렸다.", "머리에 열, 머리에 스팀 받았다."라고 표현합니다. 그런데 유대인들은 코와 연결합니다. "분노의 기운! 화의 기운! 코로 나간다. 마치 용처럼 뿜는다."라고 표현합니다. 화가 나서 열을 받았을 때 우리나라 사람은 그 열이 머리로, 유대인은 그 열이 코로! 그래서 구약성경을 보면 재미있는 표현이 나옵니다. 하나님의 분노가 코로 나온다는 표현이 있습니다.

"여호와의 콧김" – 여호와의 분노

(출 15:8; 삼하 22:16; 욥 4:9; 시 18:15)

여호와의 꾸지람과 콧김! 그의 콧김에 모든 것이 다 사라지느니라 하고 나옵니다. 그런데 우리나라 사람은 이것을 잘못 이해하고 성경을 읽으면 하나님의 콧바람 힘이 세신가? 하고 잘못 해석할 수 있습니다. 하나님의 분노, 진노를 표현하는 말이 지금 예수님께서 눈으로 보시고 귀로 들으신 다음 속으로 느끼신 비통함입니다. "a deep anger", 아주 깊고 강한 분노! 코에서 급격한 기운이 나갈 정도의 격렬한 분노! 그것을 오늘 우리 한글성경은 비통함이라 번역했습니다. 옛날 개역성경에는 "통분히 여기셨다."라고 씌여 있습니다.

예수님께서 보이신 것 - 요한복음 11:35

그런데 그런 비통함! 그저 그렇게 속으로만 삭이고 계시던 그 비통함이 급기야 외부로 표출되었습니다. 그것이 무엇인가 하면 눈물입니다! 무엇을 보이셨는가? 결국 눈물을 보이셨습니다.

> 요한복음 11:35 예수께서 눈물을 흘리시더라

여기서 사용한 "눈물을 흘린다."라는 표현은 헬라어 "에다크뤼센 (ἐδακρύσεν)"입니다. 이 표현은 소리 없이 운다, 흐느낀다는 뜻입니다. 엉엉 소리내어 우는 대성통곡(大聲痛哭)이나 방성대곡(放聲大哭)이 아니라 소리 없는 눈물! 말없는 눈물! 침묵의 눈물! 절제된 눈물! 극도로 꾹 참아 억제된 눈물! 지금 막 마음속에 일어나는 분노의 감정을 억지로 꾹 눌러서! 겨우 참아 넘기려는 과정에서! 급기야 참다못해 팍 터져 나오는 눈물! 밖으로 비집고 나오는 눈물! 소리 없는 눈물! 바로 오늘 베다니 초상

집에서 흘리신 예수님의 그 눈물이 "에다크뤼센"입니다.

그런데 여기서 우리가 조심해야 할 것, 오해하지 말아야 할 것이 있습니다. 흔히 예수님께서 죽은 나사로 때문에 슬퍼하고 눈물을 흘리신 줄 아는데 그것이 아닙니다. 나사로야 이제 곧 뻔히 예수님께서 곧 살려 낼 사람인데 그를 위해서 왜 우십니까? 울 이유가 전혀 없습니다.

예수님께서 그렇게 우신 진정한 이유는 다른 곳에 있습니다. 나사로가 아닌 주변 다른 사람들입니다. 예수님께서는 죽은 나사로가 아닌 아직 살아 있는 주변의 다른 사람들 때문에 우셨습니다. 나사로의 죽음 때문에 슬퍼하는 주변의 그 어쩔 수 없는 사람들! 그 안타까운 모습 때문에 우신 것입니다. 생명이요 부활되신다고 선언하신 예수님! 죽은 자를 곧 다시 살려 내겠다고 약속하신 예수님! 그런데 지금 그런 예수님을 바로 앞에 두고서도 여전히 울고 있는 사람들! 그 죽음의 현실적 한계를 믿음으로 뛰어넘지 못해 울고 있는 사람들! 바로 그 사람들 때문에 우신 것입니다.

"나는 부활이요 생명이다! 그러니 내가 이제 곧 나사로를 살려 내겠다!"라는 그 정확한 자기 선언과 확실한 약속의 말씀을 직접 들었음에도 불구하고(마르다의 경우!) 여전히 예수님을 마치 다른 문상객들과 똑같이 취급하고 있는 마르다와 마리아! 그래서 어린 여자아이들처럼 예수님 앞에서 계속 질질 짜고 앉아 있는 마르다와 마리아! 그 사람들 때문에 우신 것입니다.

심지어 그러한 예수님을 오히려 비난하고 비꼬고 핀잔하며 놀리는 주변 유대인들! 아! 지금 당장 예수님께서 살려 주시겠다는데! 그것도 지금 당장! 친히 그렇게 해 주시겠다는데, 충분히 그렇게 하실 수 있고, 그래서 직접 그렇게 해 주시겠다는데, 그것도 오시자마자. 그런데 그 말에 아무 관심이 없는 사람들! 반응이 없는 사람들! 그것을 믿지 못하는 사람들! 믿어지지 않는 사람들! 현실에 적용 못하는 사람들! 심지어 그런 예수님을 욕하는 사람들! 죽음의 현실 앞에서 예수님보다 죽음을 더 크게 생각하는 사람들! 죽음의 현실 앞에서 예수님보다 죽음이 더 강하다고 오해하는 사람들! 그 죽음 앞에 눈이 가리워져 바로 앞에 계신 예수님의 존재와 능력을 보지 못하는 사람들! 그래서 결국, 영생이요 부활이신 예수님을 바로 옆에 두고 그 죽음 앞에 항복한 사람들! 그 사람들 때문에 우신 것입니다.

그 상황 속에서 어느 누구도 "그래 맞다! 이제 부활이요 생명 되신 예수님이 오셨으니 이제 더는 걱정할 필요가 없다.", "여러분! 이제 우리 예수님이 여기 오셨으니 우린 더는 슬퍼하거나 눈물을 흘릴 필요 없어요.", "예수님께서 우리 오빠 나사로를 다시 살려 주신데요.", "예수님이 직접 그렇게 말씀했어요."라고 말하는 사람이 없었습니다. 그래서 종교개혁자 칼뱅은 그의 주석에서 이 구절을 해석하면서 예수님께서 우신 이유에 대해 다음과 같이 말했습니다.

생명과 부활되시는 예수님께서 바로 옆에 계신데, 그 확실한 사실 앞에서도 그 예수님을 믿지 못하고 의지하지 못해, 여전히 죽음의 문제 앞에서 위로함을 받지 못한 그 안타까운 사람들 때문에 예수님께서 우셨다.

정신질환 중에 "카그라스 증후군(Capgras syndrome)"이라는 질병이 있습니다. 1923년, 프랑스 정신과 의사 카그라스가 발견해서 그 이름을 따서 생긴 병명(病名)입니다. 이 질환의 증상은 이렇습니다. 어떠한 것이 존재한다는 사실을 인정하지만 자신이 인정한 그 사실에 대한 믿음은 없습니다. 이상하지요? 이상하니까 정신질환입니다. 예를 들면, 부모님을 보면, 부모님이라는 사실은 인정합니다(모습, 내용, 얼굴, 동작, 성격). 그런데 자신이 그렇게 인정한 그 사실을 본인이 스스로 믿지 않습니다. 사실은 인정하는데, 그 사실에 대한 믿음은 없는 것입니다. 그들을 향한 문답은 이렇게 진행됩니다.

"얘! 내가 너의 아버지이고 여기가 네 어머니야. 인정해?"
"네 인정해요."
"그런데 왜 안 믿어?"
"몰라요. 안 믿어져요."

부모 관점에서는 미칠 지경입니다. 나중에는 답답해서 부모님이 울게 됩니다. 지금 이 상황이 이해가 되시나요? 안되지요? 그러니까 병입니다. 정상인이 이해 못할 비정상적인 정신질환입니다. 일반적으로 어떤

은혜는 눈물이다

사실을 인정하면 그 인정한 사실에 대해 믿음을 갖습니다. 그것이 당연하고 정상입니다. 그런데 이 사람들은 그 당연한 사실을 믿지 못합니다. 사실은 인정하지만 그것에 대한 믿음은 없습니다. 더 심각한 것은 이런 이해하지 못할 병이 신앙생활 속에서는 너무 자주 발생한다는 것입니다.

오래 전 한국의 모(某) 기독교 방송이 계획한 한국의 이단 사이비 "신천지" 고발 프로그램에서 이와 비슷한 상황이 있었습니다. 신천지에 빠진 자식을 둔 부모는 자녀를 자녀로 인정하는데, 자식들은 자신의 부모를 아줌마, 아저씨라 부릅니다. 의도적으로 그렇게 부르는 듯했습니다. 그 자리에서 부모는 피눈물이 났습니다. 비통한 눈물이었습니다. 그때 저는 이해했습니다. "아! 예수님의 베다니 눈물이 저 눈물이구나! 가슴을 찢는 답답함과 울분에서 나온 눈물이구나!"

오늘 말씀 속 여러 사람들! 특별히 유가족 마르다와 마리아가 똑같은 상황입니다. 그들은 모두 예수님을 여러 번 봤습니다! 그분이 예수님인 것을 뻔히 다 알고 있습니다! 그 모든 사실을 인정합니다. 그러나 예수님의 그 능력은 믿지 않습니다. 예수님이라는 그 사실은 인정합니다. 그러나 그 사실에 대한 믿음은 없습니다. 한마디로, 아주 심각한 "영적 카그라스 증후군"입니다.

그 결과! 정작 일이 터지니까, 그 일의 뚜껑을 열어 놓으니까, 전혀 엉뚱한 반응을 보이는 것입니다. 생명이요 부활이 되신 예수님을 그저 다른 조문객들과 똑같은 사람으로 취급했습니다. 아니! 그보다 더 못한 사람으로 취급하였습니다. 마르다는 만나자마자 "왜 이렇게 늦게 오셨느냐?"라고 따졌습니다. 당연히 그런 상황 속에서 예수님께서 눈물을 흘리실 수밖에 없습니다.

너희가 내 눈물을 보고 있느냐?

우리는 이때까지 이 베다니의 예수님 눈물 사건을 5단계를 통해 추적해 봤습니다. 이 사건을 통하여 하나님께서 주시는 질문이 있습니다.

"너희가 정말 제대로 믿고 있느냐?"

"생명이요 부활 되신 예수 그리스도를 믿는 신앙 안에서는 죽음이 끝이 아닌 것을 믿고 있느냐?"

"혹시! 겉으로는 믿는다고 말하고, 입으로는 믿는다고 고백하면서, 그러나 정작 사건이 터지고 일에 마주쳤을 때 실제로 자신도 모를 엉뚱한 말을 하며 자신도 이해하지 못할 이상한 말을 하고 있지는 않느냐?"

"오늘 성경말씀 속 마르다나 마리아와 같이 결국 현실 앞에서는 전혀 엉뚱한 소리를 하고 있는 것은 아니냐?"

"정작 실제 상황 앞에서는 예수님을 다른 일반 사람과 똑같이 취급하고 있는 것은 아니냐?"

이 모든 질문에 대한 대답을 한번 점검해 보라는 것입니다. 혹시! 아주 심각한 "영적 카그라스 질병"에 걸린 것은 아닌지 진단해 보라는 것입니다. 만약 지금 이 자리에 있는 우리의 모습이 정말로 그렇다면 예수님은 또 우실 것입니다. 그 옛날 베다니 때와 똑같이 또다시 비통하게 우실 것입니다. 그러므로 우리가 잘 믿어야 합니다! 우리가 제대로 믿어야 합니다! 똑바로 믿어야 합니다! 진짜로 믿어야 합니다!

제가 영락교회에서 부목사로 사역할 때 들은 이야기입니다. 영락교회에서 사역하셨던 고(故) 한경직 목사님께서 돌아가시기 전에 치매증상이 있었는지 기억이 왔다 갔다 하셨답니다. 다행히 가끔 전 기억력이 되살아나실 때 찾아가면 항상 찾아온 분들에게 매번 똑같이 하시는 말씀이 있었답니다.

"예수님 똑바로 잘 믿으세요!"

다른 건 다 잊어버리고 기억이 없다고 해도 그 말씀만큼은 매우 분명하게 찾아갈 때마다 계속 똑같이 주셨답니다. 그 선명한 말은 예수님께서 베다니의 눈물을 흘리시며 한경직 목사님의 입을 사용하셔서 주셨던 말씀입니다. 간절히 소망하기는, 저나 여러분이나 정말 예수님을 똑바로 잘 믿는 사람이 되기를 원합니다. 베다니에서 흘리셨던 예수님의 그 눈물! 그 비통한 눈물! 그 비통한 눈물이 이제는 변하여 예수님 기쁨의 눈물로 변화될 수 있도록 우리의 믿음이 그 어떤 상황 속에서도 흔들리지 않는 진정한 믿음이 되기를 간절히 원합니다.

나의 눈물
예수님의 눈물
예수님의 눈물

우리 모두 이제 그 예수님의 눈물을 묵상해야 합니다! 잊지 말아야 합니다! 생각해야 합니다! 그리고 돌아가야 합니다! 돌이켜야 합니다! 더 늦기 전에 그래야 합니다. 나중에 그 어떤 뜨거운 눈물로도 돌이킬 수 없는 상황이 올 때가 있으며 더 가슴 아픈 처절한 때가 올 수 있는데, 그때가 오기 전에 우리는 그 눈물 젖은 예수님의 눈동자를 바라보며 그 눈물의 깊은 영성을 묵상해야 합니다.

4장

예수님, "예루살렘"에서 우셨다(눅 19:41-44)

울고 넘는 박달재

조선 시대, 어느 한 시골에 박달이라는 젊은 선비가 있었습니다. 과거 시험을 보기 위해 한양으로 가던 길에 충북 제천의 한 농가에서 하룻밤 머물게 되었습니다. 그런데 알 수 없는 것이 젊은 남녀 간의 사랑 감정입니다. 박달 선비와 그 농가의 딸인 금봉은 누가 먼저랄 것도 없이 서로 첫눈에 반해 버립니다. 그래서 둘은 과거시험에 합격한 후 서로 결혼하기로 약속하고 아쉬운 작별을 했습니다.

아! 그런데 이게 웬일입니까! 박달 선비가 과거에 떨어졌습니다. 시험에 떨어진 모습으로 금봉을 다시 만날 체면이 없었던 박달은 그냥 그 자리에서 길을 돌아 자신의 고향으로 바로 갔습니다. 나중에 과거에 합격하면 그때 자신 있게 다시 찾아가 약속을 지키리라 생각했던 것입니다.

그러나 이러한 상황을 전혀 모르는 금봉! 매일 마을 고갯길에 나와 박달을 기다립니다. 식음(食飮)을 전폐하고 기다리고 기다리다 지쳐서 금봉은 그 고갯길에서 그만 죽고 맙니다. 뒤늦게 소식을 들은 박달이 부리나케 그 고갯길을 찾아왔습니다. 그러나 아무도 없었습니다. 금봉의 이름을 부르며 한참 울고 있을 그때! 갑자기 저 멀리 절벽 앞에서 금봉의 환상이 보입니다. 박달은 이름을 부르며 그곳으로 달려갑니다. 그러나 그곳은 낭떠러지였습니다. 박달은 그만 그 절벽에서 떨어져 죽습니다.

서로 사랑했지만, 그 사랑을 이루지 못한 남녀의 가슴 아픈 사랑 이야기가 담긴 고갯길! 마을 사람들은 그 고갯길을 박달이 죽은 고갯길이라 해서 그의 이름을 따서 박달재라 불렀습니다.

그 후 오랜 세월이 지난 뒤에 지방 순회공연을 다니던 악단 단장 반야월 씨가 충북 제천에 방문했다가 이 가슴 아픈 이야기를 듣고 시를 쓰고 그 시에 작곡가 김교성 씨가 곡을 붙여 만든 노래가 있는데 그 노래가 바로 우리가 잘 알고 있는 "울고 넘는 박달재"라는 노래입니다.

1절) 천둥산 박달재를 울고 넘는 우리 님아

물항라 저고리가 굿은비에 젖는구려

왕거미 집을 짓는 고개마다 구비마다

울었소 소리쳤소 이 가슴이 터지도록

2절) 부엉이 우는 산골 나를 두고 가는 님아

돌아올 기약이나 성황님께 빌고 가소

도토리 묵을 싸서 허리춤에 달아 주며

한사코 우는구나 박달재의 금봉이야

확인된 바와 같이, 2절 맨 마지막에 두 사람이 헤어질 때 모습이 나오고 선비 박달과 금봉의 이름이 나옵니다. 눈물 없이는 못 가는 고개! 눈물 흘리지 않고서는 넘을 수 없는 고개! 눈물을 부르는 고개! 우리나라 충북 제천에 그렇게 울고 넘는 박달재가 있었다면, 성경 속 이스라엘 땅에도 울고 넘는 고갯길! 눈물 없이는 못가는 고개가 있었으니, 그곳이 바로 성경말씀 속 감람산 고갯길입니다. 그곳이 바로 예수님께서 우신 곳입니다.

울고 넘는 감람산 고갯길

감람원이라 불리는 산(감람산), 그쪽에 있는 벳바게와 베다니에 예수님이 가까이 가셨을 때(29절), "이미 감람산 내리막길에 가까이 오시매(37절)", 그때 예수님께서 감람산 내리막길로 오십니다. 이름하여 감람산 고갯길입니다. 그때 가까이 오사 성을 보고 우셨습니다(41절). 예수님께서는 그 고갯길에서 예루살렘 성을 바라보고 우셨습니다. 성경말씀 속 예수님의 이동 상황을 정리하면 이렇습니다. 예수님께서 예루살렘 성에 입성하시며 감람산 고갯길에 이르렀을 그때 그 고갯길! 감람산 고갯길에서 예루살렘 성을 가까이 바라보고 우셨습니다.

그런데 이때가 처음은 아닙니다. 오래 전! 예수님이 활동하실 이 시기 훨씬 이전에 이곳을 지나면서 운 사람이 있습니다. 구약시대의 다윗입니다. 사무엘하 15장 30절을 보면, 다윗이 자신의 아들 압살롬의 반란을 피해 도망치는 장면이 나옵니다. 그때 그가 머리를 풀어 헤치고 비참하게 울면서 건넜던 곳이 있는데 그 고갯길이 바로 감람산 고갯길입니다. 그래서 사람들이 "다윗의 눈물 고개"라 부릅니다. 박달이 죽은 고개가 "박달재"라면 이곳은 "다윗재"가 되는 셈입니다.

그런데 오랜 세월이 흐른 뒤, 육체적으로는 그 다윗의 후손이자 영적으로는 하나님의 아들이신 메시아 예수님께서도 이곳에서 똑같이 눈물을 흘리셨습니다. 그러나 그 눈물의 내용은 완전히 달랐습니다. 다윗은 어디까지나 자기가 저지른 죄의 결과가 준 괴로움 때문에 울었습니다. 그는 자기 죄로 인한 자신의 비참한 상황 때문에 울었습니다. 그는 자신의 죄 때문에 아들 압살롬에게 배반을 당해 쫓기었고 그 상황이 처절해서 울었습니다.

그러나 예수님께서는 그렇지 않습니다! 예수님은 당신의 죄가 아닌 다른 사람의 죄 때문에 우셨고, 전혀 다른 사람의 비참한 상황 때문에 우셨습니다. 예수님께서는 예루살렘의 죄와 예루살렘의 비참한 상황 때문에 우셨습니다. 바로 여기에 오늘 예수님께서 예루살렘에서 흘리신 눈물의 영적 의미가 담겨 있습니다.

성지 순례를 다녀온 분들은 아시겠지만 감람산 고갯길에 기념 교회가 하나 세워져 있습니다. 그 교회가 이름 하여 예수님의 "눈물교회"입니다. 1955년에 지어진 교회로 예수님께서 그 장소에 올라 눈물을 흘리신 것을 기념하여 세워진 교회입니다. 교회에 들어가면 교회 한쪽이 큰 창문

은혜는 눈물이다

으로 되어 있는데 그곳을 통해 예루살렘 전체를 볼 수 있습니다. 과거 예수님께서 그곳에 그렇게 서 계시며 예루살렘 성을 보고 우셨습니다. 사람들은 그 장소에 서서 예수님의 마음을 되새겨 봅니다.

가까이 오신 예수님

누가복음 19:41 가까이 오사 성을 보시고 우시며

말씀에 "가까이 오셨다!"라는 표현이 있습니다. 이것은 그만큼 관심을 가지고 주목해서 보셨다는 뜻입니다. 이것은 그냥 우연히 지나가다 무심코 본 것이 아닙니다. 예수님께서 의도적으로 특별한 관심을 가지고 보신 것입니다. 그랬더니 순간 갑자기 예수님의 눈에서 눈물이 확 쏟아진 것입니다.

사람은 누구나 눈으로 무엇인가 뭉클한 것을 보면 눈물이 납니다. 예를 들어, 자녀 결혼식 날을 생각해 봅니다. 저는 목사다 보니 결혼주례를 자주하게 됩니다. 제가 주례할 때마다 항상 눈여겨 보는 것은 부모님들의 모습입니다. 특별히 딸을 둔 부모님입니다. 그동안 금지옥엽(金枝玉葉)으로 곱게 키운 딸이 시집갈 때 보통 결혼 예식 중에 어머니들이 우십니다. 그래서 결혼식 때, 딸이 양가(兩家) 어른들께 인사할 때 딸을 눈으로 쳐다보지 말라고 조언하기도 합니다. 눈으로 보면 또 우니까 그렇습니다. 그런데 어찌 부모가 자녀를 안 볼 수 있습니까? 당연히 인사할 때 보게 됩니다. 그럼 어떻게 됩니까? 그냥 그 순간 바로 눈물을 흘리고 웁니다. 물론, 안 우시는 분도 있습니다. 그러나 제 경험상 어머니들 대부분이 우십니다. 이제 시집가는 딸을 직접 눈으로 보니까 그 동안의 모든 일이 생각나면서 그 눈에 눈물이 흐르는 것입니다. 예수님도 마찬가지십니다. 이때 예수님의 모습은 시집가는 딸을 바라보며 우는 어머니의 모습을 연상시킵니다. 예루살렘을 직접 눈으로 보니까 보는 순간 바로 눈물이 나신 것입니다. 예레미야서 14장 17절에는 "내 딸 예루살렘을 위해 내가 밤낮으로 눈물을 흘린다!"는 내용이 있습니다.

예수님께서도 똑같은 마음입니다. 예루살렘은 그야말로 하나님의 친딸 같은 도시입니다! 하나님께서 그렇게 사랑하고 키운 딸 같은 예루살렘입니다! 그 예루살렘이 눈에 안 들어왔다면 모르지만 하나님의 마음을 아는 예수님께서 예루살렘 성에 들어가자마자 딸 같은 그 도시가 눈에 들어오니 그 순간 바로 눈물이 난 것입니다. 그것도 그냥 어쩌다가 실수로 우연히 보신 것이 아니라 일부러 가까이 다가서서 보시니 저절로 눈물이 나오신 것입니다. 이 상황에 대해 주경학자 매튜 헨리는 이렇게 해설했습니다. "그의 눈이 그의 마음에 영향을 미쳤고, 그의 마음이 다시 그의 눈에 영향을 미쳤다!" 얼마나 정확한 표현인지 모르겠습니다. 그래서 결국 그것이 외부로 표출되었는데 바로 예수님의 눈물이었다는 말입니다.

말씀에 "우신다"라는 헬라어 원문 동사는 "에클라우센(ἔκλαυσεν)"입니다. 이것은 소리 내어 운다는 뜻입니다. 큰 소리로 엉엉 소리 내어 울 때에 사용되는 단어입니다. 우리가 앞에서 살펴본 "베다니"의 눈물은 비통함과 통분함의 눈물이었습니다. 그 눈물은 분노가 가득한 슬픔을 억지로 속으로 꾹 눌러 삭이다가 터져 나온 침묵의 눈물이었고 극도로 절제된 눈물입니다. 그런데 지금 살펴보는 예루살렘에서의 눈물은 그야말로 대성통곡이고 방성대곡입니다. 예수님께서 큰 소리 내어 엉엉 우셨다는 것입니다.

그 상황이 어느 정도일까요? 헬라어 전공자의 평가는 이렇습니다. 이 구절을 헬라어 원문으로 여러 번 깊이 묵상하며 반복해서 읽어 보면, 문장이 도중에 뚝뚝 끊기는 느낌을 받는다고 합니다. 무슨 뜻입니까? 예수님께서 말씀을 제대로 잊지 못할 정도로 격한 심정으로 간절히 우셨다는 것입니다. 그것이 성경 본문에서 느껴진다고 합니다. 이때 흘리신 예수님의 눈물은 거의 말을 잊지 못할 정도의 극한 눈물입니다. 그 정도의 격한 감정에 북받힌, 차마 말을 더듬을 정도의 처절한 눈물입니다.

성경에 이와 동일한 상황의 눈물이 있습니다. 나인성 과부의 눈물(눅 7:13)과 예수님께 향유를 붓던 여인의 눈물(눅 7:36-50)입니다. 이 모두 다 헬라어로 볼 때 예루살렘 성을 바라보며 우셨던 예수님의 눈물 "에클라우센"입니다. 그야말로 눈물 중에 가장 처절한 눈물이요 가슴을 찢고 피를 토하는 눈물입니다.

예수님께서 왜 우셨는가?

그럼 예수님께서는 이때 왜 우셨을까요? 그것도 특별히 예루살렘에 기쁨의 입성을 하신 바로 뒤에 왜 그렇게 처절하게 우셨을까요? 두 가지 이유가 있습니다.

첫째, 예루살렘이 봐야 할 것을 아직 알지 못하고 보지 못하는 것이 있기 때문입니다.

> 누가복음 19:42 이르시되 너도 오늘 평화에 관한 일을 알았더라면 좋을 뻔하였거니와 지금 네 눈에 숨겨졌도다

각 구절에 보이는 두 가지 표현이 중요합니다. "알았더라면(아직 모르고 있다?)"과 "네 눈에 숨겨졌다(보지 못한다?)"입니다. 예루살렘이 아직도 모르고 보지 못한 것이 있다는 점입니다. 과연 무엇을 모르고 보지 못하였을까요? 그것은 오늘 평화에 관한 일입니다. 그럼, 오늘 평화에 관한 일은 무엇입니까? 그 해답이 38절에 나옵니다.

> 누가복음 19:38 이르되 찬송하리로다 주의 이름으로 오시는 왕이여 하늘에는 평화요 가장 높은 곳에서는 영광이로다 하니

이것은 예수님께서 예루살렘에 입성하실 때 반기며 기뻐하는 무리들

의 찬양 소리 중 하나였습니다. 그들은 예수님의 예루살렘 입성을 축하하며 담대하게 구세주 메시아로 말미암는 평화와 영광을 선포하였습니다. 바로 이것이 오늘 선포된 평화의 일입니다. 그런데 이 38절 구절을 어디서 본 듯하지 않습니까? "하늘에 평화 가장 높은 곳에 영광", 이때의 외침은 과거 예수님께서 탄생하시던 날에 목자들에게 알려졌던 천군천사들의 찬양 가사 내용과 똑같습니다.

> 누가복음 2:14   지극히 높은 곳에서는 하나님께 영광이요

과거 예수님께서 탄생하실 때에 천군 천사들의 찬양 소리로 알려졌던 영광과 평화의 복음이 지금 예수님께서 그 탄생의 목적을 이루기 위해 예루살렘 성에 입성하실 때 다시 선포되고 있습니다. 참으로 놀라운 일입니다.

그런데 문제가 있습니다! 그럼에도 불구하고, 그때까지도! 이때까지도! 예루살렘 전체가 그 소식을 전혀 모르고 있다는 점입니다! 혹시 알아도 무관심하다는 점입니다! 그것이 문제였습니다! 예수님의 탄생 때부터 천군 천사를 통해 선포되었던 놀라운 영광과 평화의 메시아 복음 선포를 지금 예수님께서 그 탄생의 목적을 이루시기 위해 예루살렘에 들어오시는데 그때까지도 예루살렘의 모든 사람은 여전히 모르고 있었다는 점입니다. 예루살렘은 여전히 예수님의 메시아 됨을 알지 못하고 있습니다. 그들은 아직도 보지 못하고 있습니다. 그래서 예수님께서 그렇게 우셨습

니다. 그 사실이 안타깝고 그 상황이 가슴 아파서 예수님께서 우셨습니다. 얼마나 심하게 우셨습니까? 에클라우센, 소리 내어 엉엉! 정말 말을 잊지 못할 정도로 심하게 우셨습니다.

요즘 치매 때문에 고생하는 분이 많습니다. 치매의 가장 큰 문제는 누군가를 알아보지 못하는 것입니다. 치매를 걱정하는 한 청년이 있었습니다. 이유는 이렇습니다. 하루는 그 청년이 계단에서 전화를 받았습니다. 오랫동안 통화하고 전화를 끊었습니다. 그때 문제가 생겼습니다. 자신이 계단을 올라가던 중이었는지 내려가던 중이었는지 기억이 안 나더라는 것입니다. 우리는 그 이야기를 듣고 웃는데, 그 청년은 매우 심각했습니다. 예루살렘도 마찬가지입니다. 영적치매 상태인지 아닌지 걱정되는 상황입니다. 아직도 예수님께서 메시아인지 아닌지 의심하며 계속 오락가락하고 있는 예루살렘의 그 영적 치매 때문에 예수님께서는 우셨습니다.

둘째, 이제 곧 예루살렘에 닥쳐 올, 돌이킬 수 없는 재난, 그 피할 수 없는 멸망 때문입니다. 43절을 보면 "날이 이를지라."고 말합니다. 어떤 날입니까? 멸망의 날입니다.

> 누가복음 19:43-44 날이 이를지라 네 원수들이 토둔을 쌓고 너를 둘러 사면으로 가두고 또 너와 및 그 가운데 있는 네 자식들을 땅에 메어치며 돌 하나도 돌 위에 남기지 아니하리니 이는 네가 보살핌을 받는 날을 알지 못함을 인함이니라 하시니라

이것은 예루살렘 멸망의 예언입니다. 그리고 이 예언은 훗날 예수님의 말씀 그대로 성취됩니다! 이로부터 40년 뒤인 주후 70년! 예루살렘은 이때의 예언대로 멸망합니다. 로마의 티도 장군이 자신의 정예부대 10군단을 이끌고 와서 3일 만에 토성을 만들고 유월절로 모인 100만 명이 넘는 유대인들을 성안에서 굶어 죽게 했습니다. 그 와중에 어린애들을 돌에 쳐 죽였습니다. 이때 티토 장군의 통역관으로 일하던 유대 역사가 요세푸스가 이렇게 말했습니다.

"과거 약 40년 전에 예수가 예루살렘을 보고 울었는데 이때를 미리 보고 울었구나!"

요세푸스는 예수님의 예언을 기억하고 그 예언의 성취가 그대로 이루어졌음을 그렇게 역사 기록에 남겼습니다.

옛날 일입니다. 9남매를 둔 어머니가 있었습니다. 그 어머니는 40세 후반에 막내를 낳았는데 하루는 그 막내를 무릎에 안고 하염없이 울었습니다. 왜 일까요? 혹시 어머니가 죽은 뒤에 그 막내가 주변 형제들에게 구박을 받을지 몰라서 그것이 걱정되어 우신 것입니다! 어디까지나 미래의 그 불안한 가능성 때문에 우신 것입니다! 그 어머니는 아직 확정되지도 않은 그저 불안한 하나의 가능성 때문에 울었습니다. 그것이 늦은 나이에 자식을 두고 가는 어머니의 마음입니다. 그 어머니가 제 친할머니였고, 그 막내아들이 제 부친입니다.

그런데 지금 예수님이 보신 예루살렘의 멸망은 그 어머니가 느낀 불안한 가능성이 아닙니다. 이것은 아예 이미 확정된 사실입니다! 이미 멸망하기로 예정되고, 작정되고, 결정되고, 확정된 일입니다! 그래서 다시 번복할 수 없는 일이었지요! 그런데 정작 예루살렘은 그것을 모르고 있습니다. 그것도 모르고 철없이 날뛰는 예루살렘을 보고 예수님께서는 우실 수밖에 없었던 것입니다. 그럼 예루살렘이 왜 이런 돌이킬 수 없는 심판을 맞게 되었을까요?

> 누가복음 19:44 이는 네가 보살핌을 받는 날을 알지 못함을 인함이니라
> 메시지 이 모두가, 너를 직접 찾아오신 하나님을 네가 알아보지도 않고 맞아들이지도 않았기 때문이다(하나님을 반기지 않았기 때문에 멸망한다._필자).
> 현대어성경 하나님께서 네게 주신 기회를 네가 거절하였기 때문이다.

"보살핌"이라는 단어 앞에 각주 표시가 있는데, 그 내용을 보면, "심판, 벧전 2:12 참조"라고 되어 있습니다. "곧 있을 심판과 멸망의 날을 모르고 있다."라는 것입니다. 그런데, 놀라운 것은 이런 예수님의 예언이 처음이 아니라는 점입니다! 예수님께서는 이 사실을 두 번 예언하셨습니다. 첫 번째 예언입니다

> 누가복음 13:34-35 예루살렘아 예루살렘아 선지자들을 죽이고 네게 파송된 자들을 돌로 치는 자여 암탉이 제 새끼를 날개 아래에 모음

같이 내가 너희의 자녀를 모으려 한 일이 몇 번이냐 그러나 너희가 원하지 아니하였도다 보라 너희 집이 황폐하여 버린 바 되리라 내가 너희에게 이르노니 너희가 주의 이름으로 오시는 이를 찬송하리로다 할 때까지는 나를 보지 못하리라

이것이 첫 번째 예루살렘 멸망 예언입니다. 이 말씀을 법적 선포로 보면 최종 판결 선고입니다. 이제는 어떻게 돌이킬 수 없는 상황입니다. 이 말씀에는 더는 재기회(second chance)가 없고, 두 번째 기회가 없습니다. 그래도 첫 번째 예언 때는 예수님께서 울지는 않으셨습니다. 그냥 애통해하셨습니다.

그런데 두 번째 예언(누가복음 19장) 때 와서는 예수님께서 애통(哀慟)을 넘어 아예 애곡(哀哭)하셨습니다! 예수님께서 똑같은 예언을 하시면서 누가복음 13장의 첫 번째 예언에서는 애통해 하셨지만, 두 번째 예언인 누가복음 19장에 오셔서는 아예 애곡하셨습니다. 처음에는 속으로만 삼키고 있던 아픈 마음이 나중에는 급기야 겉으로 표출되었던 것입니다! 바로 그것이 눈물이었습니다.

예루살렘에서 "예루"는 수메르 언어로 거주지라는 뜻입니다. 동시에 "살렘"은 평화를 뜻합니다. 그래서 창세기 14장 18절을 보면, 살렘 왕 멜기세덱을 평화의 왕이라고 합니다. 이때 아브라함이 십일조를 드립니다. 그래서 예루살렘 하면 평화의 거주지, 평화의 땅, 평화의 도시, 평화의 장소입니다.

그런데 그런 아름다운 이름을 가진 예루살렘 성은 이제 곧 그 이름에 전혀 걸맞지 않은 비극적인 일을 경험합니다. 결국 아름다운 평화의 이름을 가진 예루살렘이 이제는 저주의 성이 되어 버립니다! 그 거룩한 이름값을 못하는 존재! 그 이름에 걸맞는 모습을 보이지 못하는 비참한 존재로 전락합니다! 이미 성부 하나님을 통해 작정되어 있고, 예정되어 있고, 결정되어 있는, 그 어느 누구도 돌이킬 수 없는 비극적인 상황을 맞이한 존재가 됩니다. 지금이라도 되돌릴 수 있다면 그렇게라도 하겠는데, 이미 때는 늦었습니다. 더는 돌이킬 수 없는 상황이 되었습니다! 심지어 예수님마저도 크게 통곡하며 우시는 것 외에는 다른 방법을 더는 찾을 수 없는 그런 비참한 상황을 맞이하게 된 것입니다. 그래서 예수님의 눈물이 더 처절하게 우리에게 다가옵니다.

너희가 내 눈물의 의미를 아느냐?

그럼 이 말씀 속에서 우리는 무엇을 깨달아야 할까요?

과거 예루살렘을 바라보며 그렇게 서글프게 우셨던 예수님의 눈물이 그동안 우리를 바라보며 흘리셨던 예수님의 눈물과 같다는 점입니다. 예수님께서는 그동안 저 천국으로 향하는 눈물의 고갯길에서 우리 각 개인과 교회를 바라보며 그렇게 통곡하셨습니다. 그렇게 똑같이 우셨습니다. 엉엉 우셨습니다. 말을 잊지 못할 정도로 우셨습니다. 우리 모두 이

제 그 예수님의 눈물을 묵상해야 합니다! 잊지 말아야 합니다! 생각해야 합니다! 그리고 돌아가야 합니다! 돌이켜야 합니다! 더 늦기 전에 그래야 합니다. 나중에 그 어떤 뜨거운 눈물로도 돌이킬 수 없는 상황이 올 때가 있으며 더 가슴 아픈 처절한 때가 올 수 있는데, 그때가 오기 전에 우리는 그 눈물 젖은 예수님의 눈동자를 바라보며 그 눈물의 깊은 영성을 묵상해야 합니다. 예수님의 눈물을 보며 우리도 울어야 합니다.

겟세마네 기도(눅 22:39-44), 김광영 목사 作

5장

예수님, "겟세마네"에서 우셨다(마 26:36-39)

겟세마네 동산의 예수님 얼굴

지금 옆에 있는 그림이 무엇으로 보입니까? 이 그림은 겟세마네 동산에서 기도하시는 예수님의 모습입니다. 특별히 제가 사용하는 사무실 컴퓨터 바탕화면에 깔려 있는 그림입니다. 이 그림은 다른 겟세마네 동산의 예수님 그림과 비교했을 때, 몇 가지 차이가 있습니다. 바로 예수님의 얼굴과 머리 그리고 등 뒤로 내려오는 밝은 빛, 광채입니다. 다른 그림은 대개 예수님께서 머리를 들고 하늘을 쳐다보고 있습니다. 그리고 그 하늘로부터 빛이 얼굴 위로 내려옵니다. 또한 예수님 얼굴에 눈물이 없습니다. 그런데 이 그림에서는 예수님의 얼굴이 보이지 않습니다. 오히려 예수님께서는 머리를 깊이 숙이고 계십니다. 그리고 하늘로부터 빛의 광채가 예수님의 얼굴이 아닌 등 뒤로 내려옵니다.

이 그림의 제목은 "겟세마네 기도"로 저의 부친이 그리신 것입니다. 목사로서 목회 활동을 하시는 동안 가끔 취미로 유화를 그리셨는데, 현

93

재까지 남아 있는 아버님의 대표작입니다.

　중요한 것은 아버님이 예수님의 모습을 이렇게 그리신 이유입니다.

　첫째, 제 아버님의 아버님(저에게는 할아버지) 김병국 장로님의 말씀 때문입니다. "너는 그림을 그릴 때 예수님의 얼굴만큼은 함부로 그리지 마라. 예수님 얼굴은 함부로 하는 것이 아니다." 오래 전부터 옛날 분들이 가지고 계시던 존경하는 사람에 대한 예의가 묻어나는 말씀이었습니다.

　둘째, 성경의 기록 때문입니다.

　　마태복음 26:39　조금 나아가사 얼굴을 땅에 대시고 엎드려 기도하여

　말씀에서 그대로 확인되듯이 예수님께서 겟세마네 동산에서 기도하실 때 예수님은 얼굴을 하늘로 올리신 것이 아니라 땅에 대고 엎드리고 계셨다는 사실입니다.

　바로 이 두 가지 이유로 아버님은 예수님을 다른 겟세마네 동산의 예수님 모습과는 약간 차이 나게 그리신 듯합니다.

　그럼, 예수님께서 그렇게 얼굴을 땅에 대고 기도하실 때의 모습을 한번 상상해 보시기 바랍니다. 그때 땅에 숨겨진 예수님의 얼굴은 어떤 모습이었을까요? 개인적으로 생각하기로는 아마 눈물로 범벅이 된 벌겋게 퉁퉁 부은 얼굴이었을 것입니다.

겟세마네 동산의 예수님 눈물

마태복음 26:37   베드로와 세베대의 두 아들을 데리고 가실 새 고민
하고 슬퍼하사

이 말씀에서 짐작할 수 있는 예수님의 모습은 우는 모습입니다. 물론,
말씀에 우셨다는 기록은 없습니다. 다른 복음서에도 없습니다. 복음서
기록만으로는 모릅니다. 그러나 이때 상황을 묘사한 다른 성경구절을 통
해 알 수 있습니다.

히브리서 5:7   그는 육체에 계실 때에 자기를 죽음에서 능히 구원하
실 이에게 심한 통곡과 눈물로 간구와 소원을 올렸고

이 말씀에 "심한 통곡과 눈물"이라는 표현이 나옵니다. 이것이 겟세마
네 동산에서 흘리신 통곡과 눈물입니다. 따라서 말씀을 풀이하면, "예수
님은 이 세상에 계실 때 혹은 말씀이 육신이 되어 우리 가운데 오셨을 때
에 자기를 죽음에서 능히 구원하실 성부 하나님께 심한 통곡과 눈물로
간구와 소원을 올렸다."라는 뜻이 됩니다. 따라서 겟세마네 동산에서 얼
굴을 땅에 대고 엎드려 기도하시는 예수님의 그 숨겨진 얼굴은 눈물로
범벅된 얼굴입니다. 눈물을 너무 많이 흘려서 눈이 벌겋게 충혈되고 퉁
퉁 부어오른 얼굴입니다. 이미 살펴보았지만, 예수님의 세 가지 눈물이

모두 다릅니다. 삼읍삼색(三泣三色)입니다.

첫째, 베다니의 눈물은 헬라어로 "엠브리마오마이(ἐμβριμαόμαι)"입니다. 이것은 비통한 흐느낌의 눈물입니다. 가슴 아픈 고통이 영혼을 비집고 나오는 뼈아픈 눈물입니다.

둘째, 예루살렘의 눈물, 감람산 눈물 고개의 눈물은 헬라어로 "에클라우센(ἔκλαυσεν)"입니다. 이것은 그야말로 대성통곡입니다. 큰 소리를 내어 엉엉 우신 눈물입니다.

셋째, 겟세마네 동산에서의 눈물은 헬라어로 "크라우게스(κραυγῆς)"입니다. 마치 죽음 바로 직전에 있는 사람이 내는 절규이자 비명에 가까운 눈물입니다.

그런 면에서 지금 살펴보는 겟세마네 동산에서의 눈물은 매우 다양한 뜻과 깊은 의미를 지니고 있습니다. 다른 두 개의 눈물, 즉 베다니 초상집이나 예루살렘을 바라보며 흘리신 눈물은 다 다른 사람들 때문에 우신 것입니다. 본인이 아닌 다른 사람들의 모습과 상황 때문에 우셨습니다. 그러나 이번 겟세마네 눈물 또한 구원하실 모든 영혼을 위한 눈물입니다. 그러나 동시에 유일한 개인적 눈물입니다. 구원의 은총을 이루기 위한 모든 선택받은 사람을 위한 기도입니다. 동시에 바로 예수님 자신 때문에, 자기의 문제로 인해 우신 눈물입니다. 그런 면에서 가장 개인적이며, 가장 인간적인 눈물, 그래서 가장 간절하고 애절한 눈물입니다. 겟세마네 동산에서의 눈물은 유일하게 다른 사람이 아닌 바로 예수님 자신 때문에, 당신께서 져야 할 십자가의 죽음 때문에 우신 눈물입니다. 그래서 가장 개인적이고, 가장 인간적이며, 그래서 가장 간절하고 처절하며 애절한 눈물입니다.

이런 면에서 겟세마네에서의 눈물이 세 가지 눈물 가운데 가장 무서운 눈물이요, 소름끼칠 정도의 눈물이요, 아주 오감(五感)을 확 멈추게 하는 섬뜩한 눈물인지 모릅니다. 그럴 수밖에 없는 것이 이 눈물은 살려 달라는 눈물이기 때문입니다. 한 마디로 목숨을 구걸하는 눈물입니다. 살려 달라는 것이지요!

"제발 죽이지 말고 날 살려 달라!"

"그렇게 해 줄 수 없느냐?"

"꼭 그렇게 십자가 위에서 날 비참하게 죽여야만 하는가?"

"혹 다른 방법이 없느냐?"

"아버지는 모든 것이 가능하지 않은가? 그러니 제발 날 죽이지 말고 살려 달라!"

이처럼 절규가 담겨져 있는 눈물입니다.

사람이 흘리는 눈물 가운데 가장 비참하고 굴욕적인 눈물이 무엇일까요? 남에게 목숨을 구걸하는 눈물입니다. 사형장에서 흘리는 사형수의 눈물을 상상해 보십시오. 어차피 죽어 마땅한 죄를 지어 사형 선고를 받아 죗값을 치루기 위한 자리에 있어도 사형수들의 눈물을 보면 가슴 아프고 슬퍼서 보지 못합니다. 따라서 겟세마네 동산에서의 눈물은 어떻게 보면 예수님의 가장 인간적인 눈물, 사적인 눈물, 개인적인 눈물입니다.

물론, 겟세마네의 눈물도 다른 사람들을 위한 공동체적인 공적 눈물입니다. 그것도 단순히 베다니 장례식장에 모인 사람들이나 또는 예루살렘에 있는 백성만이 아닌 모든 사람을 위한 눈물입니다. 하나님께서 구원하시기로 예정하신 이 세상의 모든 사람을 위한 구원의 눈물입니다. 그런 측면에서 겟세마네 기도의 눈물은 가장 광범위하고, 가장 포괄적이고, 가장 인류적이고, 가장 우주적인 눈물입니다. 그러면서도, 동시에 가장 사적이고 개인적인 눈물입니다. 예수님 자신의 목숨과 관련된 눈물이기 때문입니다. 이것이 겟세마네 동산에서 흘리신 예수님 눈물의 이중성입니다.

예수님께서 왜 우셨는가?

그런데 여기서 한 가지 아주 중요한 질문이 생깁니다. "예수님께서 갑자기 왜 이렇게 나약해지셨는가?" 하는 점입니다. 이때까지 예수님은 이런 나약한 모습이 아니었습니다. 그전의 예수님은 십자가의 죽음을 앞두고 담대히 그것을 받으려 한, 천하에 두려울 것이 없으신 메시아로서의 모습이었습니다. 심지어 하나님과 동등하신 존재라고 선포까지 하실 때도 있었습니다. 그런데 그 예수님께서 십자가의 죽음을 앞두고 왜 이렇게 갑자기 나약하고 연약한 모습을 보이시는 것일까요? 뭔가 이전의 예수님답지 않습니다!

바로 얼마 전까지만 해도, 다른 사람에게는 죽음을 두려워하지 말라고, 죽음을 겁내지 말라고 말씀하셨습니다. 그래서 아예 대놓고 "나는 부활이요 생명이니 죽음은 걱정하지 말라(요 11:25)."고 선언하시며 죽은 나사로를 직접 살려 내셨던 예수님입니다. 그렇게 죽기 위해 이 세상에 내려 오셨고, 또 한평생 그 십자가 죽음을 준비하며 사셨고, 더 나아가 그때를 기다리며 그렇게 되기로 직접 예언하고 결심까지 하셨던 예수님이셨습니다. 더욱이 그렇게 죽어도 3일 뒤에 부활해서 살아날 것을 뻔히 다 알고 계시는 예수님이셨습니다. 그런데 그런 예수님께서 왜 정작 당신이 죽으실 때가 되어서는 그 죽음 앞에서 그렇게 애절하게 살려 달라고 울었을까요? 일반적으로 흔히 들을 수 있는 대답은 "십자가의 잔인한 육체적 고통이 두려워서 우셨다. 십자가 죽음의 상황이 두려워서 우셨다."입니다. 그런데 정말 그럴까요? 정말 그 물리적이고 육체적인 이유만으로 예수님께서 그렇게 처절하고 비굴하게 우셨을까요?

물론, 십자가 처형은 잔인합니다. 그 당시 사람이 만들어 낸 형벌 중에서 가장 사악한 형벌입니다. 사람을 나무에 매달아 놓고 모든 물과 피를 다 쥐어 짜내고 태양빛에 말려 죽이는 형벌입니다. 그래서 전 개인적으로 십자가를 생각할 때마다 회상되는 것이 있습니다.

여름에 속초에 가면 바다에 오징어 말린 것을 볼 수 있습니다. 태양에 오징어를 바짝 말려 메달아 놓았습니다. 속초 앞바다에 매달려 있는 마른 오징어를 볼 때 십자가에 매달린 예수님 생각이 납니다. 태양에 말린 오징어와 십자가 위에 매달린 예수님이 상호 연상 작용이 일어나게 되는 것입니다. "예수님께서 십자가 위에서 물과 피를 다 흘려 버리신 모습이 저런 비참한 모습이었겠구나!" 그래서 전 개인적으로 과거 심한 경우, 십자가 위 예수님의 모습이 생각나서 마른 오징어를 잘 먹지 못했습니다.

그런데 이러한 십자가 고통은 예수님만 당하신 것이 아닙니다. 예수님 이전에도 이미 많은 사람이 십자가 위에서 죽었습니다. 그들 중에는 하루, 이틀, 길게는 심지어 사흘까지 매달린 사람도 있었습니다. 어떤 경우, 나중에는 독수리나 까마귀 떼가 날아와 그 몸을 쪼아 먹을 때까지 살아 있던 경우도 있었다고 합니다. 그런 사람들에 비하면, 예수님의 경우는 비교적(단순히 비교하는 것입니다.) 십자가의 육체적 고통과 죽음의 과정이 그리 길지 않았습니다. 그 과정이 그 사람들에 비해 짧았습니다. 대략 6시간 정도 달려 계시다 돌아가셨습니다. 예수님의 경우는 길어야 하루 한 나절이었습니다.

지금! 이 말에 오해가 없어야 합니다. 지금 예수님께서 당하신 십자가의 육체적 고통과 죽음의 두려움을 무시하는 것이 아닙니다. 예수님께서 경험하신 십자가 위에서의 물리적이며 육체적인 고통을 과소평가하거나 평가절하하는 것이 아닙니다! 지금 강조하고 있는 것은 예수님께서 겟세마네 동산에서 그렇게 우신 진짜 이유가 단순한 십자가의 물리적인 아픔과 육체적 고통과 죽음의 두려움 때문이 아니라는 것을 말하고 있는 것입니다. 물론 십자가의 육체적 고통은 매우 심합니다! 그러나 예수님께서 그것 때문에 우신 것은 아닙니다.

다시 한번 깊이 생각해 보시기 바랍니다. 만약에 정말 예수님께서 그렇게 우신 진짜 이유가 단순히 6시간 동안 십자가에 달려 있는 물리적 아픔과 육체적 고통과 죽음의 두려움 때문이었다면, 예수님은 십자가에 거의 3일 동안 매달려 있었던 다른 사람보다 더 못한 존재가 되어 버리고 맙니다. 그러나 우리가 알고 믿는 예수님은 그런 단순한 육체적 고통 때문에 괴로워하신 분이 아닙니다.

예수님께서 정말 두려워하신 것은 무엇인가?

그럼 대체 예수님께서는 무엇 때문에 그렇게 겟세마네 동산에서 우셨을까요? 이유는 단 한 가지! 성부 하나님과의 영적 단절이 주는 두려움 때문입니다.

예수님께서 십자가에 달려 돌아가시는 그 순간, 잠시 숨을 거두시는 그 순간, 예수님에게 발생하는 하나님과의 영적 단절! 영적 끊어짐! 하나님으로부터 버림받음! 그것 때문에 우신 것입니다. 십자가에서 숨을 거두는 그 순간! 하나님으로부터 떨어지는 상황! 그 영적 고립의 상태! 그 암흑의 상태! 하나님과의 영적 단절! 결별! 떨어짐! 고립! 예수님께서는 그것이 두려웠던 것입니다. 우리의 모든 죄를 다 뒤집어쓰시고 우리를 구원하시기 위해 우리를 대신해서 결국 하나님께로부터 버림받아야 하는 그 처절한 상황이 두려워서 그렇게 우셨습니다! 우리를 대신해서 결국 그 하나님으로부터 단절되어야만 하는 상황! 하나님께조차 버림받아 비참하게 나락으로 철저히 추락해야 하는 그 영적 상황! 그 철저한 영적 단절의 고통! 그 영적 위기! 영적 공포! 영적 고립! 영적 비극! 영적 추락! 예수님은 그것이 두려우셨던 것입니다. 그래서 예수님이 그렇게 통곡하며 우신 것이지 단순히 평범한 사람들도 감당해 내던 십자가 위에서 겪는 몇 시간 동안의 육체적 고통? 물리적 아픔? 죽음의 두려움? 그것이 두려워서 우신 것이 절대 아닙니다.

변진섭이라는 가수가 있습니다. 1980년대에 인기 있던 발라드 가수입니다. 7080 세대에게는 익숙한 가수입니다. 변진섭씨가 1988년에 "홀로 된다는 것"이라는 노래를 불렀습니다. 노래 중에 "이별은 두렵지 않아! 눈물은 참을 수 있어! 하지만 홀로 된다는 것이 나를 슬프게 해!"라는 가사가 있습니다. 무슨 뜻입니까? 나? 다 참을 수 있다는 것입니다. 이별? 실연? 아픔? 눈물? 다 참을 수 있다! 괜찮다! 그런 것 한두 번 경험해 보냐? 아무 문제없다! 그러나 참지 못할 것이 있다. 또다시 내가 혼자 있어야 한다는 것! 모든 것과 단절되어 혼자 되어야 한다는 것! 그것이 나를 슬프게 한다는 뜻입니다.

제가 하루는 혼자 사시는 연로하신 은퇴 권사님을 심방한 적이 있습니다. 이 권사님께서 기도 제목을 이렇게 말씀하셨습니다.

"자녀? 경제력? 질병? 다 괜찮습니다. 다 참을 수 있습니다 그러나 내가 못 참는 것이 있습니다. 지금도 내가 혼자 있다는 것! 그것이 두렵습니다. 어쩌다 나중에 아무도 없는 이 방에서 혼자 남아 고독사(孤獨死)하지 않을까? 이것이 두렵습니다! 이걸 두고 기도해 주세요."

지금 예수님의 경우도 마찬가지입니다. 예수님은 십자가의 육체적 고통? 물리적 아픔? 목마름? 괴로움? 쓰라림? 육체적 죽음의 상황? 다 괜찮습니다! 아무 문제없습니다. 다 참을 수 있고 극복할 수 있습니다! 이 부분에 있어서는 예수님께서 아마 이렇게 말씀하셨을 것입니다.

그런 육체의 고통은 전혀 문제없다. 아! 이전에 나보다 더 심한 상태에서 십자가 위에서 처절한 죽음을 경험한 사람들도 있었다! 그런데 부활과 생명, 하나님의 아들 메시아인 내가 그 사람들보다 못할까 봐? 그러나 그런 나도 두려운 것이 하나 있다! 하나님의 아들 메시아인 나조차도 참지 못하고 몹시 두려워하는 것이 있다. 내가 하나님께 버림을 받는다는 것! 그래서 이제 내가 영적으로 철저히 홀로 된다는 것! 내가 하나님과 떨어져, 영적으로 버림받아, 영적 고아가 된다는 것! 그래서 십자가 위에서 하나님과 떨어져 혼자 영적으로 고독사하는 것! 더는 하나님께서 내 옆에 없다는 것! 더는 내가 하나님의 품 안에 없다는 것! 더는 내가 하나님과 아무런 상관이 없는 존재가 된다는 것! 바로 그것이 괴롭다! 그것이 서럽다! 그것이 아프다! 더 나아가 그것이 두렵다! 무섭다! 얼마만큼? 크라우게스, 비명에 가까운 소리를 지르며 대성통곡할 만큼 두렵다. 나 예수에게 있어서는 이 우주 전체에 그보다 더 큰 저주는 없기 때문이다.

아니나 다를까? 예수님께서 십자가에서 남기신 일곱 가지 말씀(가상칠언[加上七言])에는 예수님의 이러한 마음이 그대로 드러나 있습니다. 예수님께서 십자가 위에서 하신 말씀을 보십시오. 그곳에 "하나님! 십자가의 육체적 고통이 너무 아픕니다. 너무 아파요. 살려 주세요." 이런 말씀은 없습니다. 그 대신 어떤 말씀이 있습니까? "나의 하나님, 나의 하나님, 어찌하여 나를 버리셨나이까(엘리 엘리 라마 사박다니, 마 27:46)?" 이러한 절규가 있습니다.

그러므로 예수님께서 겟세마네 동산에서 드린 기도, "내 아버지여 만일 할 만하시거든 이 잔을 내게서 지나가게 하옵소서(마 26:39)!"라고 할 때의 그 잔은 십자가의 육체적 고통, 물리적 아픔, 육체적 죽음을 뜻하는 잔이 아닙니다. 십자가 위에서 하나님께로부터 철저히 버림받을 때 경험하게 되는 하나님과의 그 깊은 영적 단절의 아픔을 뜻하는 잔입니다.

예수님께서 지옥에 내려가셨다?

이러한 예수님의 모습을 하나의 교리로 만들어 신조화시킨 것이 있습니다. 그것이 사도신경(師徒信經)입니다. 개역개정 성경책이나 21세기 찬송가 앞뒤에 나와 있는 신(新)사도신경을 보게 되면, "장사된 지 사흘 만에"라는 표현이 나옵니다. "장사된 지" 옆에 각주 표시 2)번이 나옵니다. 그 번호의 설명을 보면 "장사되시어 지옥에 내려가신 지"라는 표현이 있습니다. 그리고 그것이 "공인된 원문(Forma Recepta)에는 있으나 대다수 본문에는 없다."라고 되어 있습니다. 무슨 뜻입니까? 원래 이 고백이 과거

공식 신조문에는 있었다는 것입니다. 예수님께서 죽으신 뒤 지옥에 내려가셨다는 사실을 신앙으로 고백했다는 것입니다.

그럼, "예수님께서 지옥에 내려가셨다?" 이게 대체 무슨 뜻일까요? 예수님께서 정말 십자가에서 죽으신 뒤에 지옥에 가신 것일까요? 정답부터 말하면, 그것이 아닙니다. 그것은 예수님께서 십자가 위에서 숨을 거두는 그 순간! 그래서 하나님과 영적으로 완전히 단절되는 그 순간! 그 순간 자체가! 상황 자체가! 이미 지옥이었다는 뜻입니다. 그 상황 자체가 지옥이었다는 사실을 우리에게 신조화된 문장 표현으로 남겼던 것입니다. 우리가 경험해야 할 지옥을 예수님께서 십자가 위에서 돌아가시는 그 순간 우리를 위해 그때 지옥을 그렇게 대신 경험하셨다는 뜻입니다.

여러분, 우리가 꼭 잊지 말고 기억해야 할 것이 이것입니다. 예수님이나 우리나 하나님과 영적으로 단절되었다는 것, 그것은 모든 것이 끝장났다는 이야기입니다. 그냥 이 세상에 사는 동안 육체가 숨만 쉴 뿐이지 완전히 끝장났다는 뜻입니다. 성경 속 그 많은 저주 가운데, 가장 무서운 저주! 가장 처절한 저주! 가장 큰 저주는 우리가 하나님과 떨어졌다는 것, 우리가 하나님과 단절되었다는 것입니다. 야구 게임 중에 '퍼펙트 게임(Perfect game)'이 있듯이, 저주에도 '퍼펙트(Perfect) 저주'가 있는데, 그것은 바로 육체뿐만이 아닌 영까지 다 죽는 죽음! 바로 "퍼펙트(Perfect) 죽음"입니다. 하나님과의 철저한 단절! 그것이 바로 지옥입니다. 한마디로 이제부터 하나님과 우리가 아무런 관계가 없다는 것! 이제 남남이 되었다는 것, 그 자체가 지옥입니다.

지옥? 어렵게 생각하지 마십시오! 하나님과 아무런 상관이 없는 곳! 하나님과 떨어진 곳! 그곳이 지옥입니다! 하나님께서 아무런 관심을 두지 않는 곳, 그곳이 바로 지옥입니다! 그래서 종교개혁자 칼뱅은 『기독교강요』제2권, 16장 8-12절에서 (무려 5절을 통해) 이 사실에 대해 이렇게 말했습니다.

> 이것은 예수님의 육체적 죽음의 고통을 말한 것이 아니다. 만약, 예수님께서 육체적 고통 때문에 그렇게 우셨다면 얼마나 부끄럽고 나약한 경우인가? 이것은 예수님께서 십자가 위에서 경험했던 하나님과의 철저한 영적 단절을 의미한다. 예수님에게 있어서 하나님께로부터 버림받고 단절된 것보다 더 끔찍한 심연 구렁텅이, 즉 지옥의 상황은 없기 때문이다.

이 진리를 19세기 러시아의 문호(文豪) 도스토옙스키는 불후의 대작 『카라마조프 가의 형제들(Bratya Karamazovy)』 제6편 "러시아의 수도사(I. 지옥과 지옥의 불에 대한 신비적인 고찰)"에서 조시마 장로의 대사를 통해 이렇게 묘사했습니다.

> 사랑하는 동료 여러분, '지옥이란 무엇인가?'라는 문제를 생각할 때, 나는 그것을 '사랑할 수 있는 능력을 잃은 데서 오는 괴로움'이라고 해석합니다. … 흔히 지옥의 불은 물질적인 것이라고 사람들은 말합

니다. 나는 이러한 신비를 파고들 생각도 않거니와 그것을 파고드는 것은 무서운 일입니다. 그러나 내 생각으로서 가령 그것이 물질적인 불이라고 한다면, 그곳에 떨어진 사람들은 오히려 기뻐할 것입니다. 물질적인 고통으로 인해 순간적이나마 더 큰 정신적 고통을 잊을 수 있기 때문입니다. 더구나 정신적인 고통은 외부적인 것이 아니라 내면적인 것이기 때문에 그것을 제거한다는 것은 불가능한 일입니다. … 그들에게는 끝내 죽음조차 부여되지 않습니다.

무슨 뜻일까요? 지옥의 물리적인 측면보다는 영적인 면을 강조한 말입니다. 지옥은 단순히 불 가운데 고통하고 신음하는 물리적이고 육체적인 어려움을 주는 것을 뛰어넘는 영적인 그 너머의 차원이 있다는 것입니다. 그것은 바로 하나님과의 영적 단절입니다. 그 상황이 바로 지옥입니다.

그런데 십자가 위에서 예수님께서 경험한 하나님과의 영적 단절은 사실 그리 길지 않았습니다. 예수님은 어차피 3일 뒤에 부활하실 것을 알고 계셨습니다. 그러니까 그 단절된 기간은 길어야 3일입니다. 아울러, 더 깊이 생각할 것이 있습니다. 예수님께서 십자가 옆에 함께 달려 있던 강도에게 뭐라고 말씀하셨습니까? "오늘 네가 나와 함께 낙원에 있으리라(눅 23:43)." 그러면 단절 기간이 얼마 동안입니까? 더 짧아집니다. "오늘 낙원에 있다!" 하나님과 영적으로 단절된 순간이 얼마 동안입니까? 길어 봐야 하루? 하루도 채 안 됩니다. 저녁 밤나절? 채 하루가 안 됩니다. 물론 하나님의 하루는 천 년 같고, 천 년이 하루 같으시기 때문에(벧후 3:8), 여기서 말하는 오늘을 우리 인간이 가지고 있는 시간으로 예측하기는 어려운 일입니다. 그러나 일단 우리 인간의 시간으로 볼 때 그것은 잠시입니다. 길어 봐야 겨우 저녁 한나절입니다. 그러나 그럼에도 불구하고, 예수님에게는 그 짧은 시간조차도 그렇게 무서운 순간이었다는 사실을 우리는 꼭 기억해야 합니다.

제가 아는 여자 청년 중에 라식 수술을 한 사람이 있습니다. 눈 수술을 하고 나서 안경을 벗고 예뻐지려고 한 그 청년의 영적 간증입니다. 아시다시피, 라식 수술은 눈의 각막을 잠간 떼어냈다가, 수술 뒤에 다시 그 각막을 덮는 방법입니다. 시간으로 따지면 매우 짧은 시간 동안 이루어지는 수술입니다. 그런데 그 순간이 그렇게 두렵답니다. 그 짧은 순간! 그 시간이 아주 짧은 순간인데, 짧은 순간만큼이나 그렇게 두렵고 무섭더랍니다. 잠시 눈에서 각막이 떨어져 나가는 그 짧은 순간이 그렇게 두렵답니다.

우리가 한 번 깊이 생각하고 점검해야 할 점이 여기 있습니다. 우리가 우리 영혼의 창조자이신 하나님과의 영적 단절을 생각할 때 마치 내 몸의 한 부분인 각막이 내 눈에서 떨어져 나갈 정도의 긴장감이 있느냐는 점입니다.

이제 겨우 3-4살 된 아기들을 보면 엄마와 떨어지는 그 순간부터 웁니다! 엄마가 잠간 쓰레기를 버리러 나가는 데도 웁니다. 그 잠간의 순간에도 왜 웁니까? 엄마와 아기는 원래 그런 사이입니다. 떨어지면 불안해서 우는 사이가 둘 사이입니다. 당연히 애는 엄마와 떨어지면 울게 되어 있습니다. 하나님이 그렇게 만드셨습니다. 당연히 하나님과 우리 사이도 그렇습니다. 하나님과 떨어지면 우는 사이! 우리는 하나님과 떨어지면 울어야 합니다. 그것이 정상입니다. 마치 자다 일어나서 제일 처음으로 엄마를 찾으며 우는 아기처럼 원래 우리와 하나님 사이가 그런 사이입니다. 떼려야 뗄 수 없는 사이입니다! 그러나 불행하게도 중간에 죄가 가리워져서 그것이 조금 둔해졌을 뿐입니다. 우리는 원래부터 하나님과 우리 사이는 떨어지면 무섭고 두려워서 울어야 하는 그런 사이입니다. 그래서 은혜 안에 있다가 일시적으로 은혜 밖으로 나온 사람은 뭔가 괜히 불안한 것입니다. 또 불안해야 합니다. 그것이 정상입니다. 그래서 다시 기도하게 되고, 다시 말씀을 보게 되고, 다시 찬양하게 되고, 다시 매달리게 됩니다.

울어라! 하나님과 떨어지지 않으려면!

오늘 겟세마네 동산에서 흘리신 예수님의 눈물을 통해 하나님께서 주시는 말씀은 이것입니다. "하나님과 떨어지지 않기 위해서 울어라. 의도적으로 되는 것이 아니라 본능적이다." 우리도 마찬가지입니다. 따라서 만약 누군가 정말 오늘 성경 속 겟세마네 동산의 예수님처럼 하나님과 잠시 떨어지는 그 순간이 그렇게 두려워 한없이 울게 된다면 정말 기뻐

해야 합니다. 왜? 그 사람은 이미 그 눈물을 통해 다시금 하나님의 은혜 안으로 들어가고 있기 때문입니다. 그러므로 스스로 이런 질문을 해 봅시다!

"하나님과의 단절된 느낌이 들어서 울어 본 적이 있는가?"

"하나님과 좀 멀어진 듯한 느낌이 있어 그 상황이 두려워 울어 본 적이 있는가?"

소크라테스의 제자 중에 『파이돈(Phaidon)』이라는 책을 쓴 플라톤(Platon)이 있습니다. 그는 이 책에서 자신의 스승 소크라테스가 죽는 마지막 순간을 자신이 직접 본 그대로 적어 놓았습니다.

> "악법도 법이다." 말하면서 독약을 마시고 죽는데, 떨지도 않고 얼굴 표정 하나 안 바뀌고 독이 든 잔을 받아서 매우 즐겁고도 담담하게 마지막 한 방울까지 모두 맛있게 마셨다. 더 놀라운 것은, 독이 점점 퍼져서 죽을 신호가 몸에 나타나자, 갑자기 덮은 이불을 젖히며 크리톤이라는 사람에게 말했다. "아스클레피오스에게 닭 한 마리 빚진 것을 대신 갚아 달라." 그리고 당당하게 죽었다. 구차하게 살려 달라하지 않는다. 애원하지도 않는다. 울지도 않는다.

그런데 예수님은 이게 뭔가요? 예수님은 뭐가 그렇게 두렵고 무섭고 괴로워서 겟세마네 동산에서 그렇게 망설이시고 통곡하시며, 할 수만 있으면 이 잔을 거두어 달라고 하셨나요? 갑자기 예수님께서 겁쟁이가 되셨나요? 정작 죽으려고 생각하니 갑자기 정신 혼란해지셨나요? 예수님이 소크라테스보다 더 못했단 말인가요? 용기가 없었단 말인가요? 예수님께서 죽음을 앞두고 이렇게 어린아이처럼 하나님 앞에 처절하게 통곡한 것은 그의 죽음이 소크라테스가 경험한 단순한 육체적 죽음만을 의미하는 것이 아니었기 때문입니다.

그것은 영적인 죽음을 포함합니다. 하나님께 버림받음으로 주어지는 영적 단절, 결별, 떨어짐! 인류의 죄악을 감당하시기 위해 결국 하나님과 단절되어야만 하는 그 어쩔 수 없는 상황! 하나님으로부터 버림받아 십자가 위에 비참하게 내버려질 그 최악의 영적 상황! 그로 인해 겪어야 하는 철저한 영적 단절의 깊은 고통! 그 영적 상황이 그토록 미치도록 괴로워서, 괴롭다 못해 심지어 두려워서 그래서 우셨습니다. 단순히 죽음의 육체적 아픔이나 십자가의 물리적 고통이 두려워서 우신 것이 아닙니다. 어디까지나, 이제 곧 하나님과 영적으로 단절되어 완전히 떨어져야 한다는 그 영적 위기, 그 영적 공포, 영적 공황! 그것이 두려우셨던 것입니다. 어느 정도로 두려우셨는가 하면, 기도하시기를 "할 수만 있다면, 옮길 수만 있다면, 이 잔을 내게로 옮겨 달라고, 제발 그렇게 하지 말아 달라."고 애원하실 만큼 그래서 그렇게 크게 울며 통곡하실 만큼 두려우셨습니다.

소크라테스는 그것을 몰랐던 것입니다. 죽음 가운데 육체적 죽음만 생각했지, 이런 영적인 죽음이 있다는 것을 몰랐던 것입니다. 그러니까, 마치 "하룻강아지 범 무서운 줄 모른다."는 식으로 그렇게 쉽게 죽었습니다. 원래 무식하면 용감하다고 합니다. 그러니까 무식한 가운데 멋모르고 그렇게 막말로 "폼생폼사"하면서 죽은 것입니다. 그러나 예수님은 다르지요. 이미 다 아시니까, 뻔히 다 아시니까, 그 상황이 얼마나 참기 힘든 저주의 상황인지 너무나 잘 아시니까, 그렇게 괴로워하시고 힘들어하시며, 될 수만 있으면 이 잔을 피하게 해 달라고 애원한 것입니다.

그럼에도 불구하고, 예수님께서 이 세상에서 힘든 가운데 꿋꿋이 예수님의 사명을 감당할 수 있었던 것은 그 옆에 성부 하나님이 항상 함께 계셨다는 사실 때문입니다. 다른 모든 사람이 다 자기를 외면하고, 이해 못하고, 무시하고, 버리고, 손가락질해도 심지어 죽기까지 따르겠다던 제자들까지 다 자기 옆을 떠나도, 그래도 항상 함께하시는 성부 하나님 때문에 예수님께서 사명을 감당하실 수 있었습니다.

> 요한복음 16:32 보라 너희가 다 각각 제 곳으로 흩어지고 나를 혼자 둘 때가 오나니 벌써 왔도다 그러나 내가 혼자 있는 것이 아니라 아버지께서 나와 함께 계시느니라

예수님에게 있어서 하나님 외에는 없었습니다. 하나님보다 더 큰 힘과 위로는 없었다는 뜻입니다. 그런데 이제는 그것마저 단절입니다. 우리 죄 때문에 이제는 일부러 단절되어야만 했습니다. 성(聖) 삼위일체로서 도무지 떨어질 수 없는, 뗄레야 뗄 수 없는, 절대로 떨어져서는 안 되는 성부 하나님에게서조차도 버림받아 비참하게 나락으로 철저히 떨어져야 했던 예수님의 그 영적 상황! 영적 위기! 그것 때문에 예수님께서

은혜는 눈물이다

그렇게 우셨던 것입니다.

천하에 두려울 것 없는 예수님마저도 그렇게 두려워하셨던 순간! 그것은 십자가 위에서 하나님과 영적으로 단절되는 순간이었습니다. 이 세상에 전혀 무서울 것이 없으셨던 그 예수님조차도 그렇게 대성통곡하시며 두려워하셨던 상황이 바로 하나님과 떨어지는 영적 단절의 상태였다는 것입니다. 그것이 그리 길지 않은 시간인데도 그랬습니다. 이것을 기억하라는 것입니다. 그리고 예수님께서 십자가 위에서 하나님과의 영적 단절을 경험하면서까지 순종하신 이유는 오로지 하나! 하나님과 단절되었던 죄인이 된 우리를 다시금 하나님과 연결시키기 위함이었습니다.

혹시 지금 우리들 가운데, 하나님과 영적으로 단절되어 떨어진다고 생각했을 때, 상상할 때 우리에게 예수님께서 느끼셨던 그런 두려움이 있습니까? 그런 두려움이 지금 생기십니까? 그래서 예수님처럼 그 문제 때문에 대성통곡할 것 같은 기분! 눈물 흘릴 것 같은 기분이 드십니까? 그렇다면 그 사람은 이미 은혜 가운데 있는 사람입니다. 소망하기는, 그 은혜의 눈물이 회복되기를 간절히 바랍니다. 정말 일생 가운데 단 한 번만이라도 오늘 말씀 속 겟세마네 동산의 예수님처럼! 다른 문제가 아닌 오로지 하나님과의 긴밀한 영적 관계 때문에, 오로지 그 문제 때문에 한 번 목놓아 울어 보는 그런 눈물의 기회가 다시 한번 우리 모두에게 주어지길 간절히 소망합니다.

기억합시다. 그리고 눈물을 흘리며 통곡하고 웁시다.

1) 우리에게 있어 최대의 두려움은 하나님과의 철저한 단절이다

우리에게 두려운 것은 고통, 질병, 맹수, 화재, 자연재해, 쓰나미, 지진, 화산 그런 것이 아니라 하나님과의 철저한 단절, 떨어짐, 하나님과 내가 아무런 상관이 없어지는 그 순간, 그 순간이 가장 두려운 순간이요, 비참한 순간이요, 처절한 순간이요, 저주를 받은 순간입니다. 분명히 기억하십시오! 예수님조차도 그 상황을 두려워했습니다. 그래서 통곡했습니다. 잠간인데도 말입니다.

2) 그 단절을 막기 위해서 울어야 한다

통곡하며 울 수 있다면 그렇게 해야 합니다. 물론, 우리와 예수님은 다른 경우입니다. 예수님은 하나님과의 단절을 경험해야만 했습니다. 그래야 단절되었던 우리와 하나님이 다시 연결되기 때문에. 그러나 우리는 다릅니다. 우리는 이미 연결된 하나님과의 관계를 더 철저히 유지하고 지키기 위해 울어야 합니다. 예수님께서 그 단절을 연결시키기 위해 우셨듯이, 우리는 그렇게 해서 연결된 하나님과의 관계를 지키고 유지하기 위해 울어야 합니다.

이때까지 우리는 예수님의 눈물을 묵상하며 여기까지 왔습니다. 소망하기는, 우리 모두가 지금까지 살펴본 예수님 눈물의 참된 의미를 깨닫고, 우리도 눈물 가운데 하나님의 은혜를 지키며 누릴 수 있기를 간절히 바랍니다.

6장

그들도 울었다

제발 저에게 한 번만 더 기회를 주십시오!

이제 겨우 배우로서 삶을 시작한 이름 없는 무명의 엑스트라 연극인이 감독에게 울면서 이렇게 말합니다.

"제발 저에게 한 번만 더 기회를 주십시오!"

그 배우의 애원이 얼마나 간절한지 무섭고 깐깐하기로 유명한 그 감독은 다시 여러 번 기회를 줍니다. 그런데 그 배우는 매번 똑같은 실수를 합니다. 연극 대사가 긴 것도 아닙니다. 딱 한마디입니다. 정확히 짧은 한 문장의 대사입니다. 그런데 자꾸 실수합니다. 그러면서 실수할 때마다 계속 감독에게 애원합니다.

"제발 저에게 한 번만 더 기회를 주십시오!"

그런데 재미있는 것은 그가 그렇게 자꾸 실수했던 연극 대사는 바로 "제발 저에게 한 번만 기회를 주십시오!"였다는 사실입니다.

이상하지요? 둘 다 똑같은 문장인데 실제 상황에서는 까다로운 감독의 마음을 감동시킬 만큼 애절하게 하면서도, 왜 정작 연극 연습 때에는 자꾸 실수하는 것일까요? 이유는 간단합니다. 하나는 진짜 마음이 담긴 말이고, 다른 하나는 마음이 없는 연기 대사이기 때문입니다. 바로 여기에 간절한 마음이 담긴 진짜 말과 연기 중에 나오는 연극 대사의 결정적인 차이점이 있습니다. 그 둘이 왜 차이가 나는가? 간절함 때문입니다. 연기력으로 승부하는 연극 대사에서는 절대 나올 수 없는 실생활에서의 간절함이 이유입니다. 실제 상황에서 나올 수밖에 없는 그 간절함이 정작 연극 대사로 연기 상황에 들어가면서 차이가 납니다. 같은 말이라도 상황에 따라 달라집니다. 연극은 감동을 못 주지만, 실제 상황은 감동을 줍니다. 그러한 감동은 간절함에서 옵니다. 사람의 마음이 움직일 때가 언제인가? 감동을 받을 때입니다. 차가운 논리로는 머리만 움직입니다. 그러나 뜨거운 감동은 마음과 몸 둘 다 움직이게 합니다.

그렇다면 이렇게 죄 많은 우리가 하나님을 감동시키는 방법은 무엇일까요? 진실된 눈물 외에는 없습니다. 한번 말해 보시기 바랍니다. 그것 외에 이 세상 그 무엇으로 하나님의 마음을 감동시키겠습니까? 돈? 권력? 지위? 선물? 그런 것이 하나님의 마음을 감동시킬 수 있을까요? 혹시 사람은 감동할지 모릅니다. 사람은 그런 것에 감동하고 심지어 감동하지 않는다 해도 필요하다면 움직일 수 있습니다. 그러나 하나님께서는 그런 것이 안 통합니다.

하나님께 통하는 것은 오로지 눈물입니다. 뜨거운 눈물! 간절한 눈물! 솔직한 눈물! 그것만이 하나님께 통합니다. 하나님 앞에서의 눈물! 그것은 돈 하나 들지 않지만, 돈과는 비교도 안 되는 것을 얻습니다. 돈으로 얻을 수 없는 것을 얻게 합니다. 바로 하나님의 은혜입니다. 그래서 은혜는 눈물입니다. 죄 많은 우리가 하나님께 눈물로 드릴 수 있는 애원이 있다면 그것은 "제발 저에게 한 번만 더 은혜를 베풀어 주시옵소서!"라는 간절한 눈물의 기도입니다.

여호와께서 내 울음소리를 들으셨도다

시편 6편은 다윗이 지은 시로 다윗의 눈물이 적셔져 있는 시입니다. 다윗이 자신의 눈물을 잉크 삼아 회개하는 마음으로 써 내려간 시가 바로 시편 6편입니다.

> 시편 6:1-10　여호와여 주의 분노로 나를 책망하지 마시오며 주의 진노로 나를 징계하지 마옵소서 여호와여 내가 수척하였사오니 내게 은혜를 베푸소서 여호와여 나의 뼈가 떨리오니 나를 고치소서 나의 영혼도 매우 떨리나이다 여호와여 어느 때까지니이까 여호와여 돌아와 나의 영혼을 건지시며 주의 사랑으로 나를 구원하소서 사망 중에서는 주를 기억하는 일이 없사오니 스올에서 주께 감사할 자 누구리이까 내가 탄식함으로 피곤하여 밤마다 눈물로 내 침상을 띄우며 내 요를 적시나이다 내 눈이 근심으로 말미암아 쇠하며 내 모든 대적으

로 말미암아 어두워졌나이다 악을 행하는 너희는 다 나를 떠나라 여
호와께서 내 울음소리(곡성)를 들으셨도다 여호와께서 내 간구를 들
으셨음이여 여호와께서 내 기도를 받으시리로다 내 모든 원수들이
부끄러움을 당하고 심히 떨이여 갑자기 부끄러워 물러가리로다

1절을 보면, 하나님의 징계를 말하며 그 징계를 거두어 달라고 애원
합니다.

시편 6:1 여호와여 주의 분노로 나를 책망하지 마시오며 주의 진노
로 나를 징계하지 마옵소서

다윗은 지금 하나님의 징계 속에 있습니다. 그는 지금 그 징계로 극심
한 고통을 당하고 있습니다. 그런데 다윗은 그것이 하나님께로부터 온
것임을 인정합니다. 다윗은 무엇 때문에 이런 징계를 받고 있는 것일까
요? 시편 6편의 여러 정황으로 볼 때, 우리야의 아내 밧세바와의 부적절
한 사건으로 말미암아 받게 된 징계입니다(삼하 11:1-12:25). 이때의 잘못
으로 말미암아 하나님께서는 다윗의 대적들을 들어 쓰셔서 다윗을 괴롭
게 하며 징계하고 계십니다. 다윗은 그들을 "악을 행하는자(시 6:8)"와 "내
모든 원수(시 6:10)"라고 표현합니다.
그런데 자세히 보면, 이런 징계가 내린 것은 밧세바와의 죄악 사건이
일어난 직후가 아니라 그 뒤 오랜 세월이 흐른 뒤의 상황입니다. 물론 다

은혜는 눈물이다

윗이 그런 죄악을 저지른 후에도 즉각적인 하나님의 징계가 있었습니다. 그런데 오랜 세월이 지난 뒤에 다윗을 대적하는 사람들이 과거의 일을 들추어내서 다시 핍박하는 경우가 발생한 것입니다. 모든 것이 그렇습니다. 교회도 그렇습니다. 좋을 때는 다 좋게 넘어갔다가 나중에 안 좋아지면 과거에 있었던 일을 끄집어내서 문제를 삼습니다. 처음에는 다 좋다고 말해 놓고, 나중에 관계가 틀어지면 그때 과거의 것을 다시 들어냅니다. 현재 시편 6편에 나오는 다윗이 그런 상태입니다.

그러니 현재 다윗의 마음이 상당히 아픈 것입니다. 그 사건 직후라면 그들에게 악을 행하는 사람, 원수라는 말을 쓰지 않았을 것입니다. 오히려 그들의 말을 하나님의 음성으로 들었을 것입니다. 자신도 하나님과 사람 앞에 어쩔 수 없는 죄인인 줄 알기 때문입니다. 그러나 지금 현재는 그 사건이 끝난 지 이미 오래 되었고 그에 상응하는 하나님의 징계와 연단을 다 받고 심지어 회개까지 했음에도 불구하고 또다시 그때 일을 끄집어내서 괴롭히는 상황이 된 것입니다. 그래서 다윗은 그들을 악을 행하는 자이며 자신의 원수라고 말한 것입니다. 그리고 하나님께 이 문제를 다시 한번 해결해 달라고 기도하며 부른 눈물의 노래가 시편 6편입니다. 다윗은 다시 한번 자신의 고통을 하나님께 호소하고 이 징계가 빨리 끝나기를 소원합니다.

> 시편 6:2-3　여호와여 내가 수척하였사오니 내게 은혜를 베푸소서
> 여호와여 나의 뼈가 떨리오니 나를 고치소서 나의 영혼도 매우 떨리

2절을 통해, 내가 수척하였고 내 뼈가 흔들린다며 육체의 고통을 호소합니다. 동시에 3절에서 내 영혼도 떨린다고 말하며 자신의 영혼의 아픔도 호소합니다. 그러면서 은혜를 베풀어 달라고 기도합니다. 그 은혜의 외적 현상은 고쳐 주심이며 육체와 영혼의 고통을 낫게 하심입니다.

> 시편 6:4-5 여호와여 돌아와 나의 영혼을 건지시며 주의 사랑으로 나를 구원하소서 사망 중에서는 주를 기억하는 일이 없사오니 스올에서 주께 감사할 자 누구리이까

4-5절을 통해서는 이로 인해 끊어진 것 같은 하나님과의 관계성을 다시금 이어달라고 기도합니다. 앞에서 말한 예수님의 두려움이 다시 생각나는 말씀입니다. 예수님에게 지옥은 어디였을까요? 바로 십자가 위에서 숨을 거두실 때 발생했던 하나님과의 영적 단절입니다. 다윗도 똑같은 두려움을 경험했던 것입니다. 그 끊어진 영적 단절을 이어달라고, 이 지옥같은 상황에서 구해 달라고 기도합니다. 예수님께서 겟세마네 동산에서 드렸던 기도와 동일한 내용입니다. 다시 한번 강조합니다. 은혜자는 하나님의 은혜 밖에 있으면 뭔가 불안합니다. 그러므로 은혜 안에 있는 사람은 회개도 빠를 수밖에 없습니다.

6-7절에서는 다윗의 기도 상황이 구체적으로 나옵니다. 눈여겨봐야 할 것이 눈물입니다. 다윗의 이 고백은 과장법으로 느껴질 만큼 절실합니다.

"내 눈물로 침상 위에서 수영을 하며 내 침대가 다 젖었습니다. 잠을 못 자고 있으며 그 눈물이 침대를 적셨습니다".

분명히 과장법입니다. 히브리어 시제가 미완료형 계속형입니다. 눈이 쇠하였다는 표현은 요즘 말로 너무나 괴로워 눈에 다크서클이 그려졌다는 말입니다. 이것은 한마디로 다윗이 울었다는 뜻입니다! 다윗이 눈물을 흘렸다는 말입니다! 다윗이 하나님 앞에 간절한 뜨거운 눈물을 보였다는 증거입니다.

그런데 드디어 8절 이후로 분위기가 반전됩니다. 이러한 눈물의 기도가 응답되기 때문입니다. 1-7절까지의 내용과 8-10절까지의 내용을 보면 전혀 다른 분위기입니다. 전혀 다른 시간에 전혀 다른 사람이 전혀 다른 상황에서 쓴 것 같은 착각을 불러일으킬 정도입니다. 이러한 급반전이 가능한 이유는 기도의 응답입니다. 응답의 확신은 무엇입니까? 여호와께서 내 울음소리를 들으셨다는 것입니다.

시편 6:8 악을 행하는 너희는 다 나를 떠나라 여호와께서 내 울음소리를 들으셨도다

매우 중요한 고백입니다. 하나님께서 우리의 울음소리를 들으셨다는 확신, 그 자체가 응답입니다. 그러한 우리의 간절한 울음소리를 들으신 분이 응답하지 않으실 리가 없습니다. 우리의 울음소리를 듣기만 해도 그것을 응답이라 확신해도 됩니다! 울음소리를 들리게만 해도 성공한 것입니다. 아니나 다를까, 그 다음 시편 구절의 시제가 바뀝니다. 9-10절까지 미래를 향한 확신과 소망의 고백이 나옵니다.

시편 6:9-10 여호와께서 내 간구를 들으셨음이여 여호와께서 내 기도를 받으시리로다 내 모든 원수들이 부끄러움을 당하고 심히 떨이여 갑자기 부끄러워 물러가리로다

하나님께서 자신의 간절한 눈물의 기도를 들으셨다는 그 확신 하나가 다윗의 모든 것을 다 바뀌게 한 것입니다. 다윗이 보인 눈물의 기도가 하나님의 마음을 감동하게 한 것이고, 그 하나님의 마음이 다윗에게 전달되었음을 분명히 증명하는 고백입니다. 시편에 7대 회개 기도가 있습니다. 흔히 참회 시편이라고 하는데, 이 시편이 그중 가장 첫 번째 시편으로 사순절이 시작되는 첫 번째 수요일인 "재의 수요일(Ash Wendsday)"에 이 시편 찬양을 부릅니다. 이런 면에서 보자면 다윗은 정말 눈물의 사람

이었습니다. 그는 울보였습니다. 그의 그런 솔직한, 어린아이 같은 눈물
이 드러난 눈물의 시편이 바로 시편 6편입니다.

그들은 모두 하나님 앞에 울보였다

그런 면에서 보자면, 시편은 모두 하나님 앞에서 눈물이 많은 사람들
의 기록입니다. 영적인 울보들이 하나님께 드린 고백으로 가득한 것이
시편입니다. 눈물은 하나님께서 우리에게 허락하신 또 다른 영적 대화의
한 수단입니다. 그래서 시편을 보면, 많은 곳에서 죄인 된 한 인간이 감
당할 수 없는 한계 상황 속에서도 오로지 하나님의 은혜를 바라는 가운
데 그 마음을 솔직히 하나님께 쏟아 놓는 눈물이 많이 나옵니다. 그러한
눈물은 시편 기자들의 연약한 모습이지만 오히려 그들과 하나님 사이가
얼마나 가깝고 밀접했는지를 보여 주는 은혜의 통로이기도 했습니다. 은
혜는 눈물이기 때문입니다.

> 시편 30:5   그의 노염은 잠깐이요 그의 은총은 평생이로다 저녁에는
> 울음이 깃들일지라도 아침에는 기쁨이 오리로다

> 시편 39:12   여호와여 나의 기도를 들으시며 나의 부르짖음에 귀를
> 기울이소서 내가 눈물 흘릴 때에 잠잠하지 마옵소서

시편 42:3　사람들이 종일 내게 하는 말이 네 하나님이 어디 있느뇨 하오니 내 눈물이 주야로 내 음식이 되었도다

시편 56:8　나의 유리함을 주께서 계수하셨사오니 나의 눈물을 주의 병에 담으소서 이것이 주의 책에 기록되지 아니하였나이까

시편 84:6　그들이 눈물 골짜기로 지나갈 때에 그곳에 많은 샘이 있을 것이며 이른 비가 복을 채워 주나이다

특별히 시편 42편 3절에 "내 눈물이 주야로 내 음식이 되었다."는 고백은 밥 굶기를 밥 먹듯이 했다는 농담이 있듯이 울기를 밥 먹듯이 했다는 말입니다. 눈물이 그냥 그 사람의 일상입니다. 눈물로 지새운 참회와 회개 뒤에 찾아오는 은혜는 웃음이 아닌 기쁨입니다. 웃음은 하나의 현상이지만 기쁨은 본질입니다. 예수님께서도 기뻐하셨다는 표현은 있으나 웃으셨다는 표현이 없는 이유이기도 합니다. 그래서 시편 기자는 눈물로 드린 기도를 하나님께서 듣고 받으시고 응답하셨다고 고백하며 자신의 눈물을 눈물 병에 담아 두셨다가 은혜의 비로 내려 달라고 소원합니다. 우리가 흘린 눈물이 한 방울이라면 그 눈물에 응답하시는 하나님 은혜의 비는 벅찬 소나기와 같습니다.

이처럼, 다윗을 비롯한 시편의 모든 사람은 울보였습니다! 왜 울보일까요? 그들 모두 은혜의 사람이니까 울보입니다! 이 세상에서는 울보가

천대를 받지만 은혜의 세계에서는 울보가 가장 사랑받는 사람입니다. 골리앗을 한번 보시기 바랍니다. 골리앗은 정말 대단한 사람입니다. 그러나 그가 울었다는 말이 성경에 있습니까? 없습니다. 오히려 다윗을 비웃었다는 웃음 이야기만 있습니다. 그리고 골리앗은 울어서는 안 되는 사람이었습니다. 그는 그만큼 이 세상에서 강한 사람이었습니다. 그러나 그런 골리앗이 누구에게 패했습니까? 울보 다윗에게 패했습니다. 울지 않는 전쟁 영웅이 그저 하나님 앞에만 서면 수도꼭지를 틀어 놓은 듯 울어대는 연약한 다윗에게 패했습니다.

그래서 우리는 이것을 꼭 기억해야 합니다. 하나님 앞에서는 울어야 합니다. 그래야 우는 사자처럼 삼킬 자를 찾는 골리앗 같은 마귀에게 승리할 수 있습니다. 마귀 앞에서 우는 사람은 패배자이지만 하나님 앞에서 우는 사람은 승리자입니다. 눈물로 하나님 앞에 나아가는 사람은 절대로 패배하는 법이 없습니다.

이 세상에 하나님의 은혜 가운데 사는 사람들, 하나님의 은혜를 사모하는 사람들, 그 하나님의 은혜가 없이는 하루도 못 살 것 같은 저 천국의 사람들은 하나같이 모두 울보입니다. 그중에 다윗이 있었고, 우리 구주 나사렛 예수 그리스도도 있었습니다.

다시 한번 강조합니다. 그리고 평생 잊지 않아야 합니다.

은혜는 눈물입니다.

"은혜"라 쓰고 그 옆에 "눈물"이라 쓴다

야구를 좋아하는 사람들 중에 특별히 롯데 자이언츠의 최동원을 기억하는 사람들은 종이 위에 연필로 야구라 쓰고 그 옆에 최동원이라 쓴다고 합니다. 그만큼 최동원 선수는 한국 야구계가 낳은 귀한 인물이고 한국 야구계의 간판스타이며 전설적인 인물이라는 뜻입니다.

그렇다면 우리 그리스도인은 어때야 할까요? 종이 위에 은혜라 쓰고 그 옆에 눈물이라고 써야 합니다. 은혜는 눈물이기 때문입니다. 어떤 사람이던지 일단 은혜를 받으면 말도 제대로 못하고 눈물만 흘립니다.

이런 은혜를 경험한 사람이 만든 찬송가가 있습니다. "십자가 그늘 아래(찬송가 415장)"라는 제목의 찬양 2절 가사입니다.

> 내 눈을 밝히 떠서 십자가 볼 때
> 날 위해 고난 당하신 주 예수 보인다
> 그 형상 볼 때 내 맘에 큰 찔림 받아서
> 그 사랑 감당 못하여 눈물만 흘리네

마지막 가사, "그 사랑 감당 못하여 눈물만 흘리네."는 무슨 뜻을 담은 고백인가요? 말로 다하지 못할 은혜! 말로 표현할 수 없는 은혜! 말을 잊지 못할 정도의 벅찬 은혜! 그 은혜가 바로 눈물로 표현되는 은혜입니다. 말보다 더 강한 호소가 무엇일까요? 그것은 눈물입니다. 소란한 시위보다도 훨씬 강한 기도가 무엇일까요? 그것은 눈물의 기도입니다. 성경의 모든 사람은 다 눈물의 사람이었습니다. 야곱! 다윗! 예레미야! 바울! 베드로! 심지어 우리 주 나사렛 예수 그리스도까지! 다 눈물의 사람이었습니다. 눈물 젖은 신앙생활이 없는 사람은 은혜를 이해하기 참 힘듭니다.

연극인들이 어떻게 눈물을 흘릴까요? 여러 방법 중 하나가 눈물을 흘릴 수밖에 없는 과거 일을 생각하는 것이랍니다. 그러므로 연극배우들은 다 하나씩 과거의 슬픈 기억을 수집해 놓아야 합니다. 그것도 필요할 때 바로 그 자리에서 눈물이 나오게 할 만큼의 기억이어야 합니다. 가짜를 진짜처럼 연기하려고 노력하는 연극인들도 그런데 하물며 진짜 은혜를 받아 진짜 그리스도인이 된 우리는 어때야 하겠습니까? 그리스도인은 그것을 생각만 하면 눈에서 저절로 뜨거운 눈물이 날 수밖에 없는 은혜의 사건이 있어야 합니다. 그냥 걸어가다가 생각만 해도 눈물이 쏙 빠지는 은혜의 사건이 있어야 하는 것입니다. 기독교는 은혜의 종교이고 그리스도인은 은혜의 사람이며, 은혜의 사람은 눈물의 사람이라 울보일 수밖에 없습니다. 그런 의미에서 우리 그리스도인은 종이 위에 은혜라 쓰고 그 옆에 눈물이라고 써야 합니다.

태어나면서 가장 먼저 내는 소리는 우는 소리다

다시 한번 강조하며 말하지만, 죄 많은 우리 인간에게 있어서 눈물 외에는 하나님을 감동시킬 것은 전혀 없습니다. 우리에게 눈물은 거룩한 무기입니다.

한번 생각해 보시기 바랍니다. 어머니 배 속에서 갓 태어난 아기의 유일하면서도 가장 강한 무기는 눈물입니다. 태어나면서부터 바로 시작되는 첫 소리, "응애!"라는 울음소리는 사람이 이 세상에 태어나면서 제일 처음 배우는 거룩한 언어인 셈입니다. 그것이 바로 눈물입니다. 아기가 태어나자마자 제일 처음으로 하는 것이 뭡니까? 우는 것입니다. 누가 가르쳐 주시 않아도 아기는 웁니다. 그리고 울어야 합니다. 그래야 삽니다. 그래서 어떤 경우 아이가 태어나서 울지 않을 때는 간호사가 일부러 아이의 엉덩이를 때려서라도 울게 합니다. 울어야 살기 때문입니다. 아이가 울지 않으면 죽습니다. 그렇게 태어나자마자 울어야 생성된 허파가 팽창되고, 심상에 산소가 공급되는 조건이 만들어집니다. 그러니까 울어야 합니다!

갓 태어나 울고 있는 아이의 울음을 해석할 수 있을까요? 요즘 의학계에서는 아이의 울음소리로 아이와 대화하는 방법을 연구합니다. 전문 용어로 베이비 사인(baby sign)이라 합니다. 그 연구에 따르면, 아이가 울 때 그 상황에 따라 우는 소리와 음색과 형태가 다르다고 합니다. 배고플 때, 졸릴 때 울음이 다릅니다. 호주 더스탄 육아 여성 전문가는 이러한 방식으로 아기들의 울음소리를 해석합니다. "응애 응애(배고플 때)", 짧고 반복해서 "아우 아우(졸릴 때)", 아플 때 아기의 울음소리의 높낮이가 있습니다. 물결이 치듯 아래위로 움직인다고 합니다. 재미있는 것은 인종과 국

적에 상관없습니다. 아이들은 모두 다 똑같이 웁니다.

특별히 하나님께서는 갓 태어난 아기에게 세 가지 자연적인 힘을 허락하셨습니다. 흔히, 생존의 첫 걸음을 위한 3대 힘이라 하는데, 손으로 쥐는 힘, 입으로 빠는 힘, 목청껏 우는 힘입니다. 이 세 가지 중 하나라도 없으면 아기는 위험해집니다. 그중에서 유일하게 자신의 의사와 감정을 표현하기 위해 주어진 힘은 딱 하나, "우는 힘"입니다. 일단, 아기들은 웁니다. 뭔지 모르지만, 일단 울고 시작합니다. 아기가 울지 않는다는 것은 뭔가 이상한 것입니다. 울지 않는 아기는 뭔가 이상이 있는 것입니다. 낮이고 밤이고, 새벽이고 초저녁이고 없습니다. 엄마 아빠가 피곤하든 말든 상관없습니다! 일단 웁니다. 문제가 생기면 웁니다. 그리고 자신이 원하는 것이 안 되면 대성통곡합니다. 누가 가르쳐 주지도 않았는데, 알려 주지도 않았는데, 태어남과 동시에 저절로 터득하게 된 생존 능력이 바로 눈물입니다. 그럼 다 들어줍니다. 그리고 응답받습니다.

왜 하나님께서는 우리가 흘리는 눈물의 기도를 받으십니까? 우리는 하나님 앞에서 아기와 같은 가장 약한 존재이기 때문입니다. 그래서 우리는 우는 것을 인정받는 것입니다. 그러나 어른이 울면 당장 핀잔을 받습니다. 어른들이 울면서 뭘 요구한다? 아기는 그냥 응답받습니다. 약할 때 강함이 된다는 말이 바로 그것입니다. 우리는 하나님 앞에 갓 태어난 아기처럼 됩니다.

내가 네 눈물을 보았노라

구약성경에 보면, 이렇게 하나님 앞에 마치 갓 태어난 아기처럼 울며 매달린 사람이 있습니다. 그 사람은 그 눈물 때문에 기도함을 얻었고, 그 눈물 때문에 치유함을 받았고, 그 눈물 때문에 다시 살 수 있었습니다. 그 주인공이 바로 히스기야왕입니다.

> 이사야 38:1-6 그때에 히스기야가 병들어 죽게 되니 아모스의 아들 선지자 이사야가 나아가 그에게 이르되 여호와께서 이같이 말씀하시기를 너는 네 집에 유언하라 네가 죽고 살지 못하리라 하셨나이다 하니 히스기야가 얼굴을 벽으로 향하고 여호와께 기도하여 이르되 여호와여 구하오니 내가 주 앞에서 진실과 전심으로 행하며 주의 목전에서 선하게 행한 것을 기억하옵소서 하고 히스기야가 심히 통곡하니 이에 여호와의 말씀이 이사야에게 임하여 이르시되 너는 가서 히스기야에게 이르기를 네 조상 다윗의 하나님 여호와께서 이같이 말씀하시기를 내가 네 기도를 들었고 네 눈물을 보았노라 내가 네 수한에 십오 년을 더하고 너와 이 성을 앗수르 왕의 손에서 건져내겠고 내가 또 이 성을 보호하리라

이때 히스기야가 사용한 영적 무기는 눈물이었습니다. 우리는 그 사실을 하나님께서 하신 말씀을 통해 분명히 알 수 있습니다.

하나님께서는 분명 "내가 네 눈물을 보았다."라고 말씀하십니다. 히스기야의 간절한 눈물이 하나님의 마음을 녹인 것입니다. 이렇게 하나님 앞에 간절하고 애절하게 솔직한 눈물을 흘리며 기도할 수 있다는 것 자체가 은혜요, 기적이요, 복입니다. 그렇게 하고 싶어도 울고 싶은 마음이 들지 않고, 울 수 있는 눈물이 아예 없기 때문입니다.

영국 런던에 사는 열아홉 살 소녀가 운송 회사와의 소송에서 이겨서 50만 파운드(우리 돈으로 약 10억 원)를 손해 배상금으로 받았습니다. 대부분의 경우 이와 같은 때에는, 그동안 억눌러 왔던 감정이 폭발하면서 울게 마련이지 않습니까? 그러나 이 소녀는 오랫동안 어렵게 끌어왔던 소송을 이겼는데도 울 수 없었습니다. 3년 전에 그 회사의 트럭에 부딪쳐서 머리에 부상을 당했었는데, 외모와 다른 곳들은 다 멀쩡했지만, 그 사고 후로는 울 수가 없어졌기 때문이었습니다. 얼마나 큰 비극입니까?

하나님 앞에서 한 번이라도 울어 보지 않고, 은혜에 대해서 말하는 것은 그냥 말하는 것입니다. 그냥 귀로 듣고, 그냥 머리로 알아서, 그냥 입으로 흉내내서 말하는 것입니다. 혀끝에서 나오는 말은 될 수 있어도, 영혼 속 깊은 곳에서 울리는 진정한 신앙 고백은 안 됩니다. 이 세상에 그 어떤 말로도 정확하고 확실하게 모두 다 충분히 표현할 수 있는 은혜는 없습니다. 그래서 나타나는 것이 눈물입니다. 그 상황을 묘사하는 찬양이 "십자가 그늘 아래(찬송가 415장)" 2절입니다.

내 눈을 밝히 떠서 십자가 볼 때

날 위해 고난 당하신 주 예수 보인다

그 형상 볼 때 내 맘에 큰 찔림 받아서

그 사랑 감당 못하여 눈물만 흘리네

마지막 부분을 다시 한번 묵상해 봅니다. "그 사랑(은혜) 감당 못하여 눈물만 흘리네." 무엇을 뜻합니까? 말로 할 수 없는 은혜의 감동과 감격으로 그저 눈물만 흘린다는 고백입니다. 이 얼마나 위대한 고백입니까?

똑같은 눈물이라도 차원이 다른 눈물이 있다

미국 미네소타주 램지재단 알츠하이머 치료연구센터 책임자인 윌리엄 프레이(William Frey) 박사는 눈물의 화학성분을 연구했습니다. 그리고 외부 자극에 의해 나오는 눈물과 특별한 감정 작용에 의해 나오는 눈물은 눈물이 흐르는 현상은 같아도 그 눈물의 화학성분에 차이가 있다는 점을 발견했습니다. 양파를 썰면서 흘린 눈물(외부 자극)과 감격하여 흘린 눈물(내면 감정)의 차이는 감정 섞인 눈물에서만 나오는 성분인 카테콜아민이었습니다. 과유불급(過猶不及)이란 말이 있듯이 이것이 몸에 많이 쌓이면 부작용이 생깁니다. 위염, 위궤양, 소화기 질환, 콜리스테롤 등입니다. 감정이 섞인 눈물에 그 성분이 있습니다. 그러나 카테콜아민이 눈물로 배출되면 치료는 아니지만 어느 정도의 정화 효과가 있다고 합니다.

윌리엄 프레이 박사는 단순한 외부 자극 눈물(기계적인 눈물)과 달리 인간의 감정이 섞인 눈물은 의미 있는 눈물이라고 결론지었습니다. 그렇다면 하나님의 은혜 속에서 흘리게 된 눈물은 어떻겠습니까? 우리의 모든 죄를 다 씻어내는 위대한 눈물이 아니겠습니까?

갓 태어난 아기는 육체적으로 아주 약한 존재입니다. 그러나 하나님께서 이 세상에 갓 태어난 아기들에게 허락한 귀한 힘이 세 가지 있습니다. 첫째는 우는 힘, 둘째는 손으로 쥐는 힘, 셋째는 빠는 힘입니다. 아이들은 이 세상에 태어나자마자 누가 가르쳐 주지 않아도 이 세 가지 힘을 발휘하며 삽니다. 하나님은 왜 아기들에게 이 세 가지 힘을 허락하셨을까요? 이유는 하나입니다. 그래야 살 수 있기 때문입니다. 그중에 우는 힘은 아기가 이 세상에 태어나는 순간부터 최초로 발휘하는 힘입니다.

인간 최초의 의사 표현은 울음입니다. 이 세상의 모든 사람은 어머니 배 속에서 나올 때 대부분 웁니다. 그래서 어떤 사람은 아기가 본능적으로 이 세상이 험한 세상이며 고달픈 세상임을 알고, 태어나면서부터 우는 것이라고 말하기도 했습니다. 어쨌든 아기는 태어나면서 웁니다. 만약 안 울면 간호사가 때려서라도 울게 합니다. 그래야 폐활량이 늘어나 살기 때문입니다. 여자들이 오래 사는 이유는 울기 때문입니다. 남자는 울지 못해 죽습니다. 울면 카테콜아민이 흘러나옵니다. 양파 까다가 나오는 눈물과 감정이 담겨 나오는 눈물은 다릅니다.

그러므로 그리스도인은 반드시 일생 중 단 한 번이라도 하나님 앞에서 완전히 엎어져 눈물로 호소하는 애통과 회개의 눈물을 경험해야 합니다. 그리고 그 한 번으로 끝나는 것이 아니라 평생에 있어 그것을 계속해야 합니다. 그래서 우리는 울어야 합니다. 하나님 앞에서 울어야 합니다. 예수 그리스도의 십자가 앞에서 울어야 합니다. 성령 하나님께서 만져주실 때마다 울어야 합니다. 지친 삼손을 위해 하나님께서 "엔학고레(삿 15:19)"의 우물을 터뜨려 주셨듯이 하나님께서 우리의 지친 영혼 속에 은혜의 눈물이 터질 수 있도록 인도해 주시길 간절히 소망합니다.

7장

우리도 울자

나를 떠나소서! 나는 죄인입니다

세례와 입교 때 묻는 신앙 문답의 첫 질문은 이렇습니다.

"당신은 하나님 앞에 죄인인 줄 알며, 그 진노를 면치 못할 줄 알고, 오직 그의 크신 자비하심에서 구원 얻을 것을 믿습니까?"

두 번째 질문은 이렇습니다.

"당신은 죄인이며 온전한 하나님의 은혜만이 죄 사함의 해답임을 믿습니까?"

이 두 질문은 똑같이 누가 죄인이며 누가 그 죄를 용서하실 분인지 알고 믿고 있느냐를 확인하기 위한 질문입니다. 그것이 기독교 신앙의 첫 출발점이요, 신앙생활의 핵심이기 때문입니다. 병 고침과 치료의 첫 출발점이 "나는 병자라는 것"을 깨닫는 데서부터 시작한다면 진정한 신앙생활은 어디서 시작됩니까? "나는 주님 앞에 죄인입니다."라는 고백입니다. 그리고 그 과정에는 반드시 눈물이 있습니다. 성경 속 많은 사람이 이러한 죄인의 고백에서 신앙을 시작했습니다. 그중에 대표적인 사람이 예수님의 제자 베드로입니다.

누가복음 5장 1–11절의 내용은 베드로가 예수님의 말씀에 순종하여 깊은 곳으로 그물을 던져 '만선(滿船)의 기적'을 경험한 뒤에 예수님의 제자로 부름을 받는 사건입니다. 이때 베드로는 처음으로 예수님께 엎드려 자신이 죄인임을 고백합니다. 8절 말씀은 "시몬 베드로가 이를 보고"라는 표현으로 시작합니다. 무엇을 봤을까요? 만선의 기적입니다. 밤새도록 수고해도 물고기 한 마리도 못 잡아 지독한 실패를 경험했는데, 바로 그 다음날 아침에 뜻하지도 않게 엄청난 고기를 많이 잡았다는 기적입니다. 이해할 수 없었던 실패의 밤을 지내고 또 전혀 일어날 수 없다고 생각되는 성공의 아침! 그 은혜의 기적을 맛본 베드로였습니다. 베드로는 이러한 극과 극을 왔다 갔다 하는 상황 속에서 기적을 봤다는 것입니다. 베드로가 그 모든 상황을 보고 제일 처음 한 행동이 예수님의 무릎 아래 엎드린 것이며, 제일 처음 고백한 말이 "주여 나를 떠나소서."입니다.

여기서 우리는 베드로의 이 말을 그냥 쉽게 받아서는 안 됩니다. 사실 이 상황은 조금 이해가 안 되는 장면입니다. 일반 상식 밖의 이야기입니다. 이 상황에서는 베드로가 예수님께 동업하자고 말했어야 합니다. 자신을 떠나지 말라고 애원해야 정상적인 상황입니다. 한번 생각해 봅시다. 자신이 가장 자신 있어 하는 부분에서 완전히 망하여 다시는 그 일을 하기 어렵고 후일을 기약해야 하는 상황입니다. 그때 어떤 사람이 와서 실마리를 주고 아이템을 주고 정보를 주어서, 믿어지지는 않았지만, 그대로 했더니 큰 성공을 이루었다고 할 때, 그 사람은 붙잡아야 하는 사람인가요? 당장 떠나보내야 하는 사람인가요? 두 말할 것도 없이 붙잡아야 하는 사람입니다. 절대로 잃어서는 안되는 사람입니다. 그 자리에서 당장 계약서를 작성하고 이익을 40대 60! 50대 50! 아니 넉넉히 잡아 30대 70으로 나누는 조건으로 해서라도 그 사람을 곁에 두어야 합니다.

그런데 왜 베드로는 동업하자는 말을 하지 않고 갑자기 그 자리에 엎드려 "나를 떠나소서!"라고 말했을까요? 그 해답은 8절에 나오는 베드로의 그 뒷 고백에 있습니다.

> 누가복음 5:8 시몬 베드로가 이를 보고 예수의 무릎 아래에 엎드려 이르되 주여 나를 떠나소서 나는 죄인이로소이다 하니

"나는 죄인이로소이다." 이것이 정답입니다. 베드로는 그 순간 자신이 죄인이기에 예수님께 자신을 떠나 달라 말했던 것입니다. 베드로의 처지에서는 그렇지요. 나는 당신 앞에 설 수 없을 만큼의 엄청난 죄인이기에 당신은 나를 떠나야 한다는 것입니다. 예수님을 향한 베드로의 인식이 이전과는 완전히 달라졌음을 보여 줍니다. 베드로의 눈에 예수님이 이제 더는 사람으로 보이지 않습니다. 아마 여전히 과거에 만났던 사람으로 보였다면 동업하고자 했을 것입니다. 그러나 이제 큰 기적을 경험한 뒤 다시 바라본 예수는 더는 사람이 아닌 특별한 존재, 신(神)으로 보였습니다. 그것도 자신이 그 동안 알지도 못했고 신경도 쓰지 않고 있었던 죄의

문제를 깨닫게 한 신이며 동시에 그 죄를 심판하며 용서하실 수 있는 구세주이자 메시아로 깨닫게 되었기 때문에 동업하자고 말하지 않고 나는 죄인이니까 떠나 달라고 말했던 것입니다.

사람이 아닌 신(神), 예수

어떤 사람이 아무리 뛰어나도 그 사람이 여전히 사람으로 보이면 문제없습니다. "그래도 사람이야!"라는 말로 위안을 받습니다. 장소도 마찬가지입니다. 아무리 어려운 곳으로 가고 죽을 자리에 간다 해도 문제없습니다. "거기도 다 사람 사는 곳이야."라는 말로 용기를 줍니다. 권투 선수 마이크 타이슨은 핵주먹을 지녔던 자입니다. 타이슨이 사람입니까? 괴물입니까? 이 질문에 대해 그와의 경기를 준비하던 혜반다 홀리필드는 "타이슨도 사람이다."라고 말했습니다. 결국 둘의 경기는 홀리필드의 케이오(KO) 승이었습니다. 이렇듯 누구든지 일단 사람으로 보이고 그 상대가 사람일 때는 그리 큰 문제가 되지 않습니다. 그러나 어떤 존재이던 어느 순간 일단 사람으로 안 보일 때 문제가 발생합니다. 그때부터는 거리를 둡니다. 무섭기 때문입니다. 곁을 떠나라고 합니다.

꼬리가 아홉 개 달린 여우 '구미호(九尾狐)'를 기억하시는지요? 함께 사는 여인이 여우인지 모를 때에는 세상에서 가장 좋은 부인입니다. 예쁘지요. 아름답지요. 남편을 잘 섬기지요. 모든 것 잘해 주고 아주 고래등

같은 큰 집에 살게 해 줍니다. 그리고 어디서 가지고 오는지 모르지만 항상 끊어지지 않게 돈도 많이 가져옵니다. 누가 봐도 못난 남편을 아주 잘 살도록 해 줍니다. 그런데 어느 순간 보니, 그 사랑하는 부인이 사람이 아니었다는 것입니다. 알고 보니, 꼬리가 아홉 개 달린 여우였습니다. 이 사실을 알았을 때, 무서워 근처에 가기도 싫은 지경이 됩니다.

한때, 통기타 가수로 활동했던 윤형주 장로님이 학창 시절에 경험했던 일입니다. 어렸을 때, 교회에 예배드리러 갈 때는 항상 헌금을 준비했습니다. 그때마다 그 헌금을 나누어 내자고 조르는 형이 있어서 자신의 헌금을 나누어 낸 적이 있었습니다. 하루는 장로님이 그 형에게 물었답니다.

"왜 내 돈을 가지고 헌금을 내냐?"

그 형이 이렇게 되물었습니다. "그 돈이 하나님께 바쳐지면 그것이 네 돈이냐? 하나님 돈이냐? 헌금하면 하나님 돈이다. 하나님 돈을 어차피 함께 나누어 내자는 데 뭐가 문제냐?"

그 뒤로 그 형이 사람으로 보이지 않더랍니다. 치사했기 때문이었습니다. 그러던 어느 날, 그 형이 아주 멋진 통기타를 들고 사람들 앞에서 외국 노래를 불렀는데 그날 역시 그 형이 사람으로 안 보이더랍니다. 너무 위대해 보여서였습니다. 그때부터 조금씩 거리를 두고 살다가 나중에 다시 친해졌답니다. 그 형이 바로 조영남 씨였다고 합니다.

그런 것입니다. 너무 치사해도 사람으로 안 보이고, 너무 위대해 보여도 사람으로 안 보이는 법입니다. 오늘 말씀 속 베드로를 비롯해 그와 함께 동업한 어부들의 모습이 바로 그런 상황입니다.

> 누가복음 5:9-10 이는 자기 및 자기와 함께 있는 모든 사람이 고기
> 잡힌 것으로 말미암아 놀라고 세베대의 아들로서 시몬의 동업자인
> 야고보와 요한도 놀랐음이라

말씀 속에 "놀랐다!"는 표현이 2번 나옵니다. 지금 일어난 이 모든 일이 사람에게서 나온 일이 아니다는 생각입니다. 그렇게 어부 생활을 오래해 봤지만 이것은 사람이 한 일이 아니라 하늘의 절대자 신(神)이 한 일이라는 확신이 든 것입니다. 그 뒤부터 그들이 다시 바라 본 30대 초반 청년 예수의 모습은 더는 사람이 아니었습니다.

그렇다면 그들이 예수님을 무슨 귀신이나 유령으로 봤을까요? 절대 아닙니다. 두려움에는 두 가지가 있습니다. 첫째는 공포(恐怖, terror), 둘째는 경외(敬畏, awe)입니다. 공포가 사랑이 없는 두려움이라면, 경외는 사랑이 있는 두려움입니다. 그토록 사랑하면서도 자신과는 너무나 질적인 차이가 있어 감히 가까이 못할 존재가 이때 어부들이 느낀 예수님의 모습입니다. 지금 베드로가 예수님을 향해 느끼는 놀라움과 두려움은 마치 사람이 귀신을 만났을 때 느끼는 공포가 아니라 특별한 신적 존재에 대한 경외심입니다.

베드로와 마귀의 상황을 비교해 봅시다. 베드로도, 마귀도 예수님을 향해 똑같이 "나를 떠나 달라!"고 말했습니다. 그러나 똑같은 말이라도

그 내용은 전혀 다릅니다. 베드로는 경외하는 마음을 가지고 "떠나 달라."고 말했지만, 마귀는 그야말로 무서워서 떠나 달라고 한 것입니다. 예수님을 향한 공포 그 자체입니다. 예수님을 향한 베드로의 두려움은 죄인이 가지는 경외심입니다. 나는 당신 앞에 설 수 없다는 겸손입니다. 그러나 마귀의 두려움은 예수님의 적대자가 가지는 두려움입니다.

존경과 믿음(신앙)

단순히 어떤 존재를 사람으로 존경한다는 것과 그 존재를 사람 이상의 그 무엇으로 믿고 신앙 고백한다는 사실 사이에는 큰 차이가 있습니다. 전 개인적으로 불교의 석가(釋迦, 고타마 싯다르타)를 존경합니다. 그래서 그의 삶과 일화 또는 가르침이 담긴 불경을 읽을 때가 있습니다. 석가는 훌륭한 위인입니다. 그 시대의 선각자이며, 사상가이며, 박애주의자이고 철학자입니다. 그러나 나는 단 한 번도 석가에게 내 죄를 고백하거나 내 죄를 용서해 주고 내 죄를 감당해 달라고 기도한 적이 없습니다. 나를 구원해 달라고 한 적도 없고, 그 이름으로 기도한 적도 물론 없습니다. 지금까지 그랬고 앞으로도 그럴 것입니다. 그는 여전히 나와 같은 사람이기 때문입니다.

나는 이순신 장군도 존경합니다. 한국 사람 중에 이순신 장군을 존경하지 않는 사람은 없습니다. 그분의 『난중일기(亂中日記)』를 읽고 감동받지만, 한 번도 나는 이순신 장군에게 내 죄를 고백하거나, 나는 죄인이라고 얘기한 적 없고, 그 이름으로 기도한 적도 없습니다. 링컨도 그렇고, 세종대왕도 공자와 맹자 같은 제자백가(諸子百家)들도 마찬가지입니다. 이것이 존경과 신앙의 차이입니다. 이것이 사람을 향한 존경과 절대자신을, 구세주를 향한 신앙의 차이입니다.

역사의 인물 중에 예수님을 이런 식으로 대한 사람이 있었습니다. 예수님을 사람으로 존경했으나 믿음을 가지고 믿고 신앙하지 않는 사람입니다! 그 대표적인 사례가 인도 마하트마 간디(Mahatma Gandhi)입니다. 그는 예수님을 존경했습니다. 그의 책상에는 복음서가 놓여 있었고, 특별히 산상수훈의 가르침을 그의 정치 활동에 적용했었습니다.

인도 감리교 선교사 스탠리 존스(E. Stanley Jones)가 간디에게 질문했습니다.

"기독교가 인도 민중에게 어떻게 다가가야 합니까?"

간디는 이렇게 답했습니다. "예수님처럼 하라!"

물론, 정답입니다! 그러나 간디의 이 대답은 절대로 자신의 신앙으로 한 이야기가 아닙니다. "간디 자서전"에 그가 예수님께 드린 죄의 고백은 없습니다. 그가 예수님 앞에 자신이 죄인임을 자백하고 자신의 죄를 용서해 달라고 기도한 내용은 없습니다. 왜 그랬을까요? 사람으로서 존경했으나 신으로 믿지 않았기 때문입니다. "예수는 좋다. 그러나 기독교는 싫다.", "예수는 좋지만 교회는 싫다."라는 유명한 말은 바로 간디가 한 말입니다.

문제는 이것입니다. 한때 베드로도 처음에는 예수님을 간디와 같은 관점에서 생각하고 있었다는 점입니다. 예수님을 그저 그 시대의 훌륭한 사람이나 랍비나 선생이나 선각자나 사상가 중 한 사람으로만 생각했을 것입니다. 베드로는 이미 형제 안드레를 통해 예수님을 만난 적이 있으며 예수님을 통해 이름까지 새롭게 얻었던 사람입니다(요 1:42). 그때 예수님께서 안드레와 함께 베드로를 만났을 때, 그의 이름을 바꿔 주셨습니다. "네가 요한의 아들 시몬이니 장차 게바라 하리라(게바는 번역하면 베드로라.)." 그 이후로 아마 베드로는 예수님을 사람으로서 존경한 듯합니다. 그러니 누가복음 5장의 내용처럼 예수님에게 자기 배도 빌려서 내주고 그의 말을 따라 깊은 곳에 그물을 던졌는지도 모릅니다. 그때까지만 해도 존경할 만한 사람으로 보았습니다. 그러나 누가복음 5장에서 물고기를 두 배에 가득 채우게 된 만선의 기적을 체험한 뒤로는 달라졌습니다. 더는 예수님이 단순한 사람으로 안 보입니다.

베드로의 네 가지 변화

여기서 베드로가 바뀌기 시작합니다. 네 가지 변화가 나타납니다. 첫째, 자세가 달라졌습니다. 베드로가 이를 보고 예수의 무릎 아래에 엎드렸습니다. 둘째, 고백이 달라집니다. "나를 떠나소서. 나는 죄인입니다." 그전까지는 내가 밤새도록 일했다는 것을 강조하고, 그렇게 일했지만 아무엇도 얻지 못한 것을 이야기했는데, 만선의 은혜 사건을 경험한 후에는 엉뚱하게도 나는 죄인이니까 나를 떠나야 한다는 고백을 했습니다. 뜻밖에 회개의 고백이 나온 셈입니다. 셋째, 예수님을 부르는 호칭에 변화가 있습니다. 누가복음 5장 5절 말씀에는 "선생님, 우리들이 밤새도록 수고하였으되"라고 말하면서 예수님을 선생, 즉 사람으로 봤습니다. 그러나 8절에서는 "주여"라고 답하며 예수님을 사람 그 이상의 신적 존재로 말합니다. 이것을 신학적 용어로 "베드로의 기독론의 변화"라고 합니다. 넷째, 인식이 바뀌었습니다. 5절 말씀에서 베드로가 밤새도록 수고하여 고기를 못 잡았다고 말할 때 "우리들"이라는 표현을 씁니다. 베드로가 속해 있는 어부와 동업자들이 포함된 공동체적 관점입니다. 그러나 8절 말씀에서는 "우리"라는 표현 대신에 "나"라는 표현이 쓰입니다. 우리에서 나로 바뀝니다. 그러면서 "나는 죄인이로소이다."라고 고백합니다. 예수님과 베드로의 관계가 일대일의 개인적 관계로 바뀐 순간입니다.

회개의 기적

이 순간 우리는 분명히 기억해야 합니다. 우리가 주님 앞에 "나는 죄인입니다."라고 고백할 수 있다는 그 자체가 기적입니다. 그것은 바로 회개의 기적입니다! 그런 고백을 할 수 있다는 것 자체가 은혜요, 은총이며, 복입니다.

요즘 아이들도 "내가 잘못했습니다.", "내 잘못입니다."라고 잘 고백하지 않습니다. 그렇다고 어른들은 잘 하나요? 아니요! 더 안 합니다! 뻔히 돌이킬 수 없는 증거들이 버젓이 있음에도 불구하고 어른들조차도 자신들의 죄를 고백하지 않습니다.

그런데 그런 고백을 할 수 있다는 것! 그것도 주님 앞에서 할 수 있다는 것! 그것 자체가 기적이요, 은혜입니다. "나는 죄인입니다. 그래서 당신 앞에 감히 설 수 밖에 없는 더러운 죄인이니 나를 떠나 주십시오."라고 감히 이야기하는 것이 은혜요, 기적입니다!

더 놀라운 것은 전후 사정을 보았을 때, 전혀 그런 고백이 나올 수 없는 상황인데 이런 죄의 고백이 나왔다는 점입니다. 한번 생각해 보시기 바랍니다. 지금 베드로가 그런 상황입니다. 지금 베드로는 특별히 잘못한 것이 없습니다. 만약 있다면, 자신의 생업을 위해 밤새도록 수고한 죄밖에는 없습니다. 그는 그렇게 자신의 생업에 충실했습니다. 예수님께서 배를 빌려 달라고 해서 배를 빌려 줬고, 예수님께서 깊은 데로 그물을 던지라고 해서 기꺼이 순종하는 마음으로 깊은 데로 그물까지 던졌습니다. 생각해 보면, 베드로가 뭐 그렇게 잘못한 것이 없습니다. 그런데 베드로는 자신이 죄인이라 고백했습니다. 왜일까요? 상상도 할 수 없는 기적을 경험하고 나서 사람이 아닌 구세주 예수님 앞에서 자신이 어머니 배 속에서 태어날 때부터 어쩔 수 없는 죄인임을 깨달았기 때문입니다.

이런 기적은 베드로만을 위한 것이 아닙니다. 우리 모두를 위한 것입니다. 이런 고백이 우리들 사이에서 어느 날 특별한 은혜의 기적 사건을 통해 갑자기 입에서 튀어 나올 수 있다는 것 자체가 성령의 인도하심이요, 기적의 순간이요, 회개의 기적이 일어나는 놀라운 순간입니다! 그야말로 "회개의 기적"이 일어나는 순간입니다.

죄는 누구나 아무 때나 지을 수 있습니다 그 죄를 짓기 위해 우리가 특별히 노력할 필요는 없습니다. 우리는 노력하지 않아도 저절로 죄인입니다. 그래서 어거스틴(Augustine)은 "우리에게 자유가 있다면 죄 지을 자유 밖에 없다."고 선포했습니다. 그러나 그 죄에 대한 회개는 누구나 아무 때나 할 수 있는 것이 아닙니다. 죄는 저절로 되지만 그 죄에 대한 회개는 저절로 되는 것이 아닙니다. 죄에 대한 회개는 하나님께서 특별히 허락하신 은혜의 순간에 나옵니다.

이때까지 흐리멍덩하고 있던 예수 그리스도가 내 죄를 사할 수밖에 없는 구세주 메시아라는 사실을 깨닫게 될 때만 나오는 것이 "나는 죄인이다."라는 고백입니다. 우리가 저지르는 잘못이 있다면 그것은 죄요, 우리가 예수님의 십자가 희생 보혈로 말미암아 얻는 은혜가 있다면 그것은 우리의 뜨거운 눈물이 담긴 회개를 통한 죄 사함입니다. 이러한 회개의 눈물은 예수님을 더는 우리와 똑같은 사람이 아닌 진정한 신(메시아, 구세주)으로 재발견하고 예수님께서 사람의 형상으로 이 땅에 내려오셔서 나를 위해 십자가에 못 박히셨다는 복음이 깨달아지는 은혜가 허락된 사람만이 할 수 있는 고백입니다. 그런 특별한 은혜가 허락된 사람만이 할 수 있는 고백이 "나는 죄인입니다."라는 회개의 고백이요, 그때 우리의 두 눈에서는 회개의 눈물이 흐릅니다.

우리가 정말 예수님을 제대로 믿고 있는 신앙인인지 아닌지 점검하는 진단법이 무엇인지 아십니까? 우리 생애 가운데 단 한 번이라도 말씀 속 베드로처럼 납득이 안 되는 상황에서도 예수님 앞에 "나는 어쩔 수 없는 죄인입니다."라는 고백이 있었는지 없었는지 한번 되돌아보는 것입니다. 남도 모르고 심지어 자신도 모르는 갑작스런 상황 속에서 "나는 주님 앞에 어쩔 수 없는 죄인입니다."라는 그런 진실된 고백을 해 본 적이 있는지 없는지 한번 확인해 보는 것입니다. 그때 흘렸던 그런 진한 회개의 눈물이 있었는지 없었는지 한번 회상해 보는 것입니다. 진정한 신앙인은 그런 순간이 반드시 있었을 것이며 틀림없이 있어야 합니다.

회개의 눈물을 방해하는 세 가지 잘못된 습성 - 후회, 자학, 원통

제가 미국 이민 교회에서 부교역자로 사역하고 있을 때 모셨던 담임 목사님 중에 현재 한국의 합동측 모(某) 교회로 청빙되어 목회하고 계신 분이 있습니다. 그분에게서 직접 들었던 이야기인데 나중에 그분이 쓰신 책에도 기록된 이야기라 여기에 소개해 봅니다.

목사님께서 어느 한 어린 여자 대학생을 상담하게 되었습니다. 상담 내용은 참으로 딱한 내용이었습니다. 이 여학생이 본인이 원치 않은 임신을 한 것입니다. 친구들과 함께 여행을 떠났다가 남자친구와 자리를 함께했는데 그만 그날 덜컥 임신이 된 것입니다. 인간적으로도 참 딱한 일이고, 그 여학생 개인에게 있어서도 가슴 아픈 일이며, 부모님에게 있어서는 하늘이 무너지는 일입니다.

상황의 심각성을 아는 만큼 목사님께서는 처음에 여러 가지 말로 위로했다고 합니다. 그런데 목사님이 그렇게 위로하는 중에 그 여학생의 이야기를 계속 듣다 보니 목사님 입에서 위로가 아닌 회개의 촉구가 나오더랍니다. 이 여학생이 순간의 실수로 그렇게 임신하게 된 것에 대해 그 어떤 죄의식은 고사하고 죄송한 마음조차도 없어 보였기 때문이었습니다. 그 여학생은 그렇게 원치 않은 임신을 하게 된 자신의 실수를 가슴 아파하고 하나님과 부모님 앞에 잘못을 비는 것이 아니라 이 모든 일은 자기가 재수가 없고 운이 없어서 일어난 결과라고 생각하고 있었습니다. 자기 친구들은 남자친구들과 여러 번 그런 일을 하고 한 번도 임신한 적 없는데 자기는 딱 한 번 남자친구와 자리를 함께했는데 그들보다 운이 없고 재수가 없어서 이렇게 되었다는 것입니다.

이 여학생의 말은 부모님께 죄송하고, 하나님께 죄송하다는 그런 이야기가 아닙니다. 자기는 지금 억울하다는 것입니다. 그리고 원통해 합니다. 왜 자기만 그래야 하느냐고 오히려 따집니다. 자신이 임신한 것이 잘못이나 죄가 아닌 재수의 문제로 보고 있는 것입니다. 남들은 많이 해도 오케이! 자신은 단 한 번에 임신! 이 사실이 원통하고 억울하다는 것입니다. 그러면서 눈물을 흘립니다. 이 상황이 지속되자 목사님이 처음에는 위로하다가 나중에 이렇게 교훈했다고 합니다.

"이것은 재수의 문제가 아니라 죄의 문제다! 억울해서 원통해 해야 할 일이 아니라 가슴을 찢으며 애통해야 할 문제다! 후회할 일이 아니라 회개할 일이다.”

저는 이 이야기를 직접 듣고 또 그 목사님의 책에 쓰인 내용을 보며 오늘날 우리 그리스도인들이 가지고 있는 세 가지 잘못된 신앙 관점을 발견했습니다. 그것은 오늘날 우리들의 죄를 회개하지 못하게 방해하는 세 가지 습성입니다. 이 습성에는 그 어느 누구도 예외가 없습니다. 이 습성을 대할 때, 혹시 단 한 명이라도 “나는 아니다.”라고 생각하지 말기 바랍니다.

1) 회개(悔改)해야 할 일인데 후회(後悔)하다가 그친다

하나님 앞에 회개해야 할 일인데 그냥 후회하다가 그칩니다. 후회는 회개가 아닙니다. 차이점은 이렇습니다. 후회는 항상 이렇게 다짐하며 말합니다. “이것을 다시는 하지 말아야지!” “내가 왜 이것을 또다시 했을까?” “다시는 하지 말아야지!” 그러면서도 계속합니다. 그것이 후회입니다. 마음으로는 항상 괴로워하면서도 정작 실천하지 않고 똑같은 일을 계속 반복하는 것이 후회입니다. 이런 사람의 행동은 대부분 이렇습니다. 입으로는 “술 먹지 말아야지!” 하면서 그 말을 하는 입속으로 계속 술을 받아 넘깁니다. “가지 말아야지!” 하면서도 이미 발걸음은 그곳을 향하고 있습니다. 이것이 후회입니다! 물론 하고 나면 후회막급이며 할 때마다 가슴 아파합니다. 그러나 변하는 것은 없습니다. 노력 과정도 없습니다. 힘써 보지도 않습니다. 이것이 후회입니다.

그럼 회개는 무엇입니까? 하지 말아야지 하면서 안 하려고 힘쓰는 것이 회개입니다. 그리고 후회는 사람에게 하고 사람의 선에서 그치지만, 회개는 하나님께 합니다. 하나님 앞에서 하는 것! 그것이 회개입니다. 하나님 앞에 솔직히 잘못했다고 도와 달라고 용서해 달라고 말하는 것이 회개입니다.

후회는 사람에게 합니다. 두 방향입니다. 첫째는 자기 자신에게 합니다. "내가 못난 놈이야!" "내가 늘 그렇지 뭐!" "내가 뭐 어디가!" "혹시 했더니 역시네!" "나 자신이 잘못한 거야!" 이 모든 것은 후회입니다. 둘째는 다른 사람에게 입니다. 그나마 그런 후회가 자기에게서 끝나면 되는데 나중에는 결국 다른 사람에게로 옮아갑니다. 그러면서 이렇게 말합니다. "저놈 때문에 이렇게 되었어!" "저놈만 없었으면 이런 일도 없고 아무 일 없었을 텐데!"

이 모든 것은 후회입니다. 이것이 우리의 문제입니다. 우리는 회개해야 할 일인데 후회하고 있었습니다. 그리고 후회한 것을 회개한 것으로 착각하며 살아갑니다. 그러나 그것은 회개가 아닙니다. 회개는 이러면 안 되는데 하면서 안 하려 애쓰지만, 후회는 이러면 안 되는데 하면서 계속하는 것입니다.

2) 회개(悔改)해야 할 일인데 자학(自虐)한다

후회는 자기 학대를 낳습니다. 그리고 곧이어 타인 학대로 발전해 갑니다. 자기 학대란 자기가 스스로 자기를 죽이는 것입니다. 그나마 죄 된 우리 영혼 속에 남아 있는 하나님 형상을 모조리 파괴하는 것이 자학이요, 자기 학대입니다. 그 자학, 자기 학대의 끝은 최악의 경우 자살로 이어집니다. 자기 스스로 자신을 더는 데리고 못 살겠다는 것입니다. 그래서 그나마 남아 있는 하나님의 형상을 스스로 못 견뎌 내고 포기하며 끝냅니다. 자살은 하나님 형상의 파괴입니다. 대표적인 사례가 가룟 유다입니다. 그는 회개하지 못하고 후회에 그쳐 자살하고 말았습니다.

그러므로 회개란 하나님 앞에 부서진 자신의 모습을 솔직히 보이는 것이며, 그 과정에서 그대로 실낱같이 살아 있는 하나님의 형상을 붙들고 하나님 앞에 그 형상을 보고서라도 나를 용서해 달라고 매달리는 것입니다! 이 세상의 모든 죄 때문에 부서지고 다 파괴된 모습이지만 그래도 실낱같이 살아 있는 하나님 형상을 보여 주며 이것을 보고 불쌍히 여겨 달라고 하는 것! 다시 회복해 달라는 것! 그것이 회개입니다. 그렇게 해서 회복한 사람이 베드로 아닙니까? 죄는 회개하라고 있는 것이지, 자기를 학대하는 동기로 주어진 것이 아닙니다.

3) 애통(哀痛)해야 할 일인데 원통(怨痛)해 한다

애통과 원통은 눈물을 흘리며 가슴 아파한다는 점에서 공통점이 있으나 그 눈물의 원인과 질적 농도에는 너무나 큰 차이가 있습니다. 한자 그대로, '애통'이란 '슬퍼하며 아프다.'는 뜻이고, '원통'은 '억울해서 원망하여 아프다.'는 뜻입니다. 두 경우 모두 눈물을 똑같이 흘립니다! 둘 다 현상적으로 보면 똑같은 눈물입니다. 그러나 애통하는 눈물은 은혜를 받아서 흐르는 은혜의 눈물이요, 회개의 눈물이며, 회복의 눈물이지만, 원통은 억울하고 분해서 흐르는 피눈물입니다. 같은 눈물이라고 해도 그 질적 농도는 전혀 다릅니다. 애통하는 눈물은 하나님 앞에 자신이 잘못했다고 자수(自首)하는 마음으로 슬퍼하며 회개하는 데까지 나갑니다. 그러나 원통해 하는 눈물은 그 병든 마음이 자기 자신과 다른 사람들을 원망하고, 그들을 고발(告發)하고 탓하며 또 하나님을 미워하는 후회를 낳습니다. 애통의 눈물은 회개를 낳지만, 원통의 피눈물은 극심한 후회 속에 자기 자신 뿐만 아니라 다른 사람과 하나님을 다 미워하게 만듭니다.

도박장 주변 노숙인들의 세 가지 공통점 - 후회, 자학, 원통

우리는 위에서 언급한 이 세 가지 더러운 습성 때문에 하나님 앞에 드려야 할 그 귀한 회개의 순간을 잃어버렸습니다. 오늘날 우리 주변이 우리를 그렇게 되도록 만들었고, 우리 스스로도 그 상황을 괴로워하며 즐기고 있는 듯합니다. 은혜 안에 있는 사람들에게 믿음, 소망, 사랑 이 세 가지가 영원히 있듯이 은혜 밖에 있는 사람들에게는 후회, 자학, 원통 이 세 가지가 영원히 있을 것입니다.

도박장 주변에는 노숙인이 많은데 그들에게서 세 가지 공통점을 발견할 수 있습니다.

첫째, 후회입니다! 정말 후회한답니다. 후회가 막심하다고 한탄합니다. 그런데 이상한 것은 그렇게 후회하면서도 거기를 못 떠나고 그곳에서 그렇게 노숙 생활을 한다는 점입니다. 후회하면서 여전히 거기에 있습니다. 그들 모두 결국 다시 돈이 생기면 그 도박장에 또 들어갈 사람들입니다.

둘째, 자학입니다! 자신을 몹시 미워합니다. 자신이 가정 내팽개치고 회사도 가지 않고 이런 더러운 곳에 와 있는 실패한 쓰레기 같은 사람이라고 자학합니다. 그러면서도 그 자리를 떠나지 못합니다.

셋째, 원통해 합니다! 자신은 재수가 없었다는 생각입니다. 흔히 말하는 대박 잭팟이 나와야 하는데 자신은 남들처럼 재수가 없어서 아직 이러고 있다고 생각합니다. 그러나 자신도 언젠가는 한탕할 수 있다는 허황된 꿈속에서 헤어나오지 못합니다. 그야말로 도박장 주변의 노숙자들에게서는 애통하며 회개하는 사람을 찾아볼 수 없습니다. 도박장을 떠나 제정신 차리고 집으로 돌아오는 사람이 없습니다. 죄에 중독되어 모든 것을 망쳤다고 잘못했다고 말하며 눈물로 애통하고 회개하는 사람이 없습니다.

그러나 그중에서 가뭄에 콩 나듯 몇 사람들은 애통하고 회개하는 마음이 있어 모두 집으로 돌아온다고 합니다. 그 자리를 훌훌 털고 다시 집으로 돌아옵니다. 죄에 중독되어 모든 것을 다 망쳤다고 잘못했다고 말하며, 눈물로 애통하는 사람은 다시 돌아옵니다. 성경 속 탕자가 그렇게 했으며, 죄 많은 베드로도 그렇게 했음을 우리는 기억합니다. 그것이 은혜입니다.

미국 라스베이거스 도박장에 없는 것은, 물론 도박 장소마다 상황이 모두 다르겠지만, 일반적으로 다음과 같은 세 가지가 없다고 합니다.

첫째, 창문입니다. 외부와의 철저한 단절입니다. 창문이 없으니 밝은 태양의 광명을 볼 수 없습니다. 어두컴컴한 느낌을 계속 유지함으로 도박에 더 심취하도록 합니다.

둘째, 거울입니다. 자기 스스로를 바라보고 확인할 수 있는 매개체가 없는 셈입니다. 도박에 빠져서 점점 썩고 삭아져 가는 자신의 모습을 보지 못합니다. 어떤 도박장은 심지어 화장실에도 거울이 없다고 합니다.

셋째, 시계입니다. 한마디로 시간을 못 보게 합니다. 도박에 미친 사람에게 시간이 가는 줄 모르게 합니다.

21세기 오늘날 우리의 모습을 보는 듯합니다. 회개가 사라진 우리들의 신앙생활이 바로 이 도박장의 모습입니다. 영적인 라스베이거스의 도박장입니다. 어디를 둘러봐도 주변에 다 자신을 말씀에 비춰보고 바라보고 회개하도록 만드는 데 방해하는 사악한 것들뿐입니다 자신의 죄된 모습, 망가져 가는 모습을 볼 수 없도록 만드는 라스베이거스 도박장 안에서의 생활이 바로 오늘날의 모습입니다. 그러한 죄악의 자리를 떠나기 위해 우리에게 필요한 것이 눈물입니다. 그 눈물은 피눈물이 아니라 회개의 눈물이어야 하고, 사람이 아닌 하나님 앞에서 흘리는 회개의 눈물이어야 합니다.

참된 위로는 참된 회개에서 온다

오늘날 우리의 문제는 회개 없이 위로만 받으려 하는 데 있습니다. 믿는 사람이든 안 믿는 사람이든 요즘 세상에는 전부 다 위로를 받으려 합니다. 모두 다 억울하다고 말하고 원통하다고 말하며 눈물 흘리고 울분만 토하고 위로해 달라고 합니다. 그렇게 오늘날은 위로를 받으려는 사람이 참 많습니다. 그래서 위로는 정말 필요합니다. 그만큼 세상이 아프기 때문에 그렇습니다. 안 아픈 사람이 없습니다. 다 아픕니다. 위로를 받는 것은 잘못이 아닙니다. 위로는 꼭 필요한 것이고 필요한 사람은 위로를 받아야 합니다.

그런데 문제는 여기 있습니다. 모두 다 회개 없이 위로를 받으려 하는 데 있습니다. 하나님께서 주시는 위로는 진정한 눈물이 담긴 회개 후에 오는 위로입니다 그런데 요즘 사람들은 회개 없이 위로만 받으려 합니다. 구분해야 합니다. 도둑맞은 사람은 회개할 사람이기 전에 위로가 필요한 사람입니다. 그러나 그 집을 도둑질한 사람은 위로가 아닌 회개가 필요한 사람입니다. 그런데 요즘에는 도둑들도 위로해 달라고 요구합니다. 물론 위로는 좋은 것이나 위로를 받아야 할 사람은 반드시 회개의 눈물을 흘린 뒤에 위로의 눈물을 흘리는 사람입니다.

이런 면에서 "주여 나를 떠나소서 나는 죄인이로소이다(눅 5:8)."라는 베드로의 고백이 얼마나 귀한 것인지 다시 한번 생각하게 됩니다. 이 고백은 하나님께서 가장 듣고 싶어하시고 가장 기뻐하시는 고백입니다! 하나님께 하나님을 위하여 쓰겠으니 1억 원을 달라고 하는 것보다, 하나님을 위해 헌신하겠으니 우리 사업이 잘 되게 해 달라고 하는 것보다 더 중요한 것이 "나는 먼저 주님의 은혜가 필요한 죄인입니다."라고 고백하며 애통하며 눈물을 흘리는 것입니다.

후회를 회개로 바꿉시다. 자학하지 말고 우리 스스로를 사랑합시다. 여전히 우리 영혼 속에 살아 있는 하나님의 형상을 붙들고 주님 앞에 간절히 도와 달라고 매달립시다! 그 과정에서 지난날의 원통함을 오늘날의 애통함으로 바꾸어 봅시다. 억울해서 원통하여 가슴을 치기보다는 내가 하나님 앞에 잘못했다고 우리 영혼을 쳐 봅시다. 성령이여, 강림하사 애통하고 회개할 맘 충만하게 해 달라고 기도해 봅시다. 지난 일을 계속 후회해 봤자 아무 소용이 없습니다. 오히려 그 시간에 다시는 그런 일이 없도록 도와 주시고 은혜를 달라고 회개해 봅시다. 하나님의 형상을 깨트리는 자학을 하지 말고, 다시 한번 찾아봅시다. 내 안에 살아 있는 하나님의 형상이 있다면 그것을 붙들고 한번 회개하며 기도해 봅시다. 기적이 일어나리라 생각합니다. 주님 부르시는 그날까지 신앙생활해야 하는데 기억을 되살려 보면 우리 다 그런 때가 있었습니다. 정말 베드로처럼 주님 앞에 뜨거운 눈물을 흘리며 회개하는 순간이 있었기 때문에 지금까지 신앙생활하는 줄로 믿습니다. 지금 하나님께서는 우리 모두가 그 순간을 다시 회복하기를 원하고 계십니다. 그러한 회복을 이끌어 내는 회개의 그 뜨거운 눈물! 그 눈물을 통한 죄사함, 그 위로의 감격! 그 순간! 그 기적이 우리에게 있기를 간절히 원합니다.

『죄와 벌』 - "라스콜니코프"가 흘린 눈물의 의미는?

19세기 러시아의 문호(文豪) 중에 도스토옙스키(Dostoevsky)라는 작가가 있습니다. 그는 톨스토이(Tolstoy)와 함께 19세기 러시아 문학을 대표하는 작가입니다. 그리고 개인적으로 제가 제일 좋아하는 작가 중 한 명입니다. 그래서 저는 도스토옙스키와의 만남을 하나님께서 나에게 허락하신 "문학적 세례"라고 감히 인정하고 있습니다.

특별히 『지하 생활자의 수기』, 『죽음의 집의 기록』, 『죄와 벌』, 『백치』, 『악령』, 『카라마조프 가의 형제들』과 같은 전무후무(前無後無)한 그의 명작들은 인간이 하나님 앞에서 자신의 죄인 된 정체성을 잊어버리고 교만하게 행동할 때에 과연 어떠한 비극적 결과를 초래하게 되는지 너무나도 잘 보여준 작품들입니다.

그래서 훗날 도스토옙스키의 작품은 수많은 신학자와 신앙인에게 매우 많은 영향을 끼쳤습니다. 그래서 한때 20세기 신학자 투르나이젠 (Eduard Thurneysen)은 1921년도에 도스토옙스키에 관한 책을 쓰기도 했습니다. 그리고 투르나이젠으로부터 도스토옙스키의 작품을 소개받아 읽은 또 다른 20세기 신학자 칼 바르트(K. Barth)는 그의 대작(大作) 『로마서(제2판)』의 저술 과정을 소개하면서 "나를 도스토옙스키라는 길로 처음 인도한 사람은 투르나이젠이다. 그의 발견이 없었다면 나는 이 책의 초고를 쓸 수 없었을 것이다."라고 했을 정도입니다. 이 때문에 저는 한때 두 사람(도스토옙스키와 칼 바르트)의 영적 관계를 심각하게 추적해 보기도

했습니다.

『죄와 벌』의 주인공인 대학생 청년 라스콜니코프의 삶은 다음과 같습니다. 그는 어느 날 자신이 자주 가던 전당포의 할머니를 도끼로 머리를 찍어 죽입니다. 그리고 그 장면을 목격한 할머니의 여동생까지 죽입니다. 그렇다면 그는 왜 전당포 할머니를 죽이게 되었을까요? 그것은 바로 그가 믿고 있던 "인본주의적 초인 사상(超人思想, a theory of superman)" 때문입니다. 그 당시 19세기에는 나폴레옹을 대표로 하는 영웅이나 초인의 숭배 사상이 팽배해 있던 시기였습니다. 그러한 영웅을 하나님보다 더 중시하는 "인본주의적 초인 사상"이 유행했던 시기였습니다. 이러한 사상에 영향을 받은 라스콜니코프는 결국 세상의 인간은 두 가지 종류로 분류된다는 결론에 이르게 됩니다. 즉, 인간은 "초인간적인 권리를 지닌 특별인"과 그러한 "특별인"들에게 죽기까지 무조건 복종해야 하는 "일반인"으로 나뉜다는 것입니다. 따라서 "특별인"들은 인류의 안녕과 평화를 위한다는 명목 하에 어떠한 범죄를 저질러도 아무런 죄가 되지 않는다는 이상한 사상이 생겨나게 되었습니다. 그의 이러한 경향은 라스콜니코프가 대학 시절 쓴 『범죄에 관하여…』라는 소설 속의 논문에 자세하게 묘사됩니다.

불행히도 라스콜니코프는 이러한 비성서적 사조(思潮)에 영향을 받아 비록 자신은 가난하고 궁핍한 사람이지만 나폴레옹과 같은 초인적 영웅이라는 이상한 망상을 가지게 된 것입니다. 급기야 라스콜니코프는 자신의 목을 조여 오는 경제적 위기 상황을 극복해 보기 위하여 자신이 정말 초인인지 아닌지를 실험하기에 이릅니다. 결국 그는 자신이 항상 찾아가던 전당포의 한 못된 할머니를 실험 목표로 정했습니다. 그는 그 전당포에 갈 때마다 돈과 경제력은 있으나 사회 발전에 아무런 영향도 주지 못하는 인간 쓰레기 같은 할머니와, 반면에 미래에 대한 원대한 꿈과 비전을 가지고 인류를 위해 헌신할 수 있는 성실한 청년이지만 다만 돈과 경제력이 없어 구차한 삶을 살고 있는 자기 자신의 삶을 비교하면서 많은 열등감과 분노를 느꼈던 것입니다. 결국 자신은 모든 범죄가 허용되는 나폴레옹과 같은 초인적 "특별인"이요, 그 할머니는 이러한 영웅에게 죽기까지 복종해야 할 쓸데없는 "일반인"이므로 자기가 이 할머니를 살해하더라도 자기에게는 아무런 도덕적, 종교적 양심과 가책도 느낄 필요가 없다는 것을 믿게 됩니다. 그리고 그는 결국 준비해 간 도끼로 그 할머니를 살해합니다. 그리고 그 장면을 목격한 그 노파의 여동생까지 살해하는 정당한 살인자가 되어 버립니다.

이러한 동기에 의해 저질러진 라스콜니코프의 범죄는 그야말로 완벽했습니다. 그런데 범죄 행각 전에는 당연해 보였던 자신의 행동과 믿음에 이상이 생기는 것을 주인공은 느끼게 됩니다. 죽이기 전에는 당연히 올바른 행동인 것으로 생각했는데 그 결과가 개운치 못했던 것입니다. 바로 그가 "죄의식"을 느끼기 시작한 것입니다. 그러나 그는 자신을 "죄인"으로 인식하기보다는 자신이 나폴레옹과 같은 "특별인"이 아니라 하찮은 "일반인"이었다는 것을 확인하게 된 데에만 좌절하고 괴로워하는 자가당착적인 모순에 빠지게 됩니다. 마치 창세기에 나타나는 아담과 하와가 자신의 부끄러운 죄를 허무하게 감추려 노력하는 헛된 노력을 이 소설의 주인공도 몸부림치며 겪고 있었던 것입니다. 아직 자신이 "죄인"이라는 정체성이 없는 것입니다.

그러던 중 그는 창녀 소냐라는 여인을 만나게 되고 그녀가 전해주는 성경말씀의 복음을 통하여 새로운 갱생의 삶을 꿈꾸면서 자수하게 됩니다. 그리고 시베리아 유형(流刑) 생활을 떠나게 되고, 머지않아 그는 결국 자기 자신이 하나님 앞에 불쌍한 죄인임을 깨닫게 됩니다. 그러면서 이 소설은 끝이 납니다. 여기서 우리는 청년 라스콜니코프가 경험한 자기 정체성의 진보를 읽을 수 있습니다. 그것은 다음과 같습니다.

> 살인 사건 전: 나는 특별인(special)이다!
> 살인 사건 후: 나는 결국 일반인(normal)이었구나!
> 창녀 소냐가 전해 준 성경말씀을 들은 후:
> 나는 철저한 죄인(sinner)이다!

이것이 바로 도스토옙스키가 라스콜니코프를 통하여 보여 주고 싶었던 하나님 앞에 서 있는 인간의 실존이었습니다. 라스콜니코프는 처음에 자기가 초인과 같은 "특별인"이라는 망상적 자기 정체성에서 시작하여 나중에는 자기가 그저 평범한 "일반인"임을 깨닫게 되고, 결국에 가서는 자신이 하나님 앞에 "큰 죄인"임을 자각(自覺)하게 됩니다.

이것은 하나님께서 도스토옙스키의 작품을 통하여 우리에게 보여 주

은혜는 눈물이다

신 자기 정체성의 모범입니다. 도스토옙스키가 그려 놓은 청년 라스콜니코프의 성숙 과정이 사도 바울의 진보 과정과 얼마나 잘 어울립니까? 결국 하나님 앞에서 우리가 할 수 있는 최고의 고백은 "죄인"이라는 것 외에는 아무것도 없습니다. 그리고 이 고백이 나올 때의 솔직한 현상은 눈물입니다. 주님께서 가장 사랑하시는 회개의 눈물입니다. 그 눈물이 바로 『죄와 벌』의 주인공 "라스콜니코프"가 흘린 눈물입니다.

우리 모두는 하나님 앞에 "죄인 중의 괴수"

그러나 여기서 오해가 없어야 합니다. "죄인 중의 괴수!" 이것은 우리가 자학자벌(自虐自伐)하기 위한 고백이 아닙니다. 우리는 이미 더는 "죄인 중의 괴수"가 아닙니다. 그러나 우리가 이 고백을 잊지 말고 기억해야 할 절대적인 이유가 있습니다. "죄인 중의 괴수"와 같은 우리를 "최고의 의인"으로 만들어 주신 하나님의 은혜를 매번 강조하고 잊지 않기 위해서입니다. 바로 "올챙이 시절을 잊어버리지 않는 개구리"가 되기 위함입니다.

나 같은 죄인에게 허락된 하나님의 그 놀라운 은혜를 잊지 않고 그 놀라운 사랑에 항상 감사하기 위하여 우리는 "죄인 중의 괴수!"라는 고백을 기억하고 고백해야 합니다. 따라서 "죄인 중의 괴수!"라는 고백은 나를 벌하기 위한 고백이 아니라 그러한 나를 은혜로 구원해 주신 하나님의 은혜에 감사하여 이제 더는 교만하지 않고 겸손히 하나님의 사명을 감당하기 위한 것입니다.

"죄인 중의 괴수"라는 고백이 사도 바울의 최종 고백으로 강조될 때까지 사도 바울은 다메섹 거리에서 예수님을 만난 이후 오랜 세월 동안 연단과 훈련을 받았습니다. 그럼 우리는 이때까지 몇 년 동안 예수님을 믿어 왔습니까? 이제 우리에게 몇 년의 시간이 남았습니까? 우리는 현재 어떠한 정체성을 가지고 어느 단계에 와 있습니까? 우리는 하나님과 사람들 그리고 교회 앞에 누구입니까? 누구라고 소개하겠습니까? 바로 이 시간 하나님이 물으시는 질문입니다. 우리는 이 질문에 "우리는 죄인입니다. 나를 불쌍히 여기시고 용서하시며 깨끗하게 하옵소서!"라고 답하며 주님 아래 영혼의 무릎을 꿇고 뜨거운 회개의 눈물을 흘려야 할 것입니다.

지워지지 않던 "주홍 글씨"를 지우는 눈물

미국 소설 가운데 너새니얼 호손의 『주홍 글씨(The Scarlet Letter)』라는 작품이 있습니다. 미국의 어느 작은 마을에 헤스터라는 여인이 살고 있었습니다. 이 여인은 결혼했지만 남편과 오래 떨어져 살았기 때문에 그 마을에서 과부 아닌 과부처럼 하루하루 살아갔습니다. 그러던 어느 날, 이 헤스터가 임신하고 아이를 낳은 것입니다. 청교도 신앙이 투철한 그 지역에서 일어나서는 안 될 일이 일어난 것입니다. 헤스터가 낳은 그 아이의 아버지는 그 지역의 존경을 받는 인물 중 하나인 딤즈데일 청교도 목사였습니다. 간통이라는 죄목을 뒤집어쓰고 감옥에 갇힌 그녀의 목에는 작은 목걸이가 걸렸는데, 거기에는 글자 A가 새겨져 있었습니다. 'Adultery', 즉 간음이라는 죄목의 첫 자였다. 그 글자는 주홍색으로 새겨진 주홍 글씨였습니다. 그녀는 그 글자를 자기 스스로 만들고 자기 스스로 지우지 못합니다. 또 지우려 하지도 않습니다. 그러나 그 소설의 마지막 부분에서 그 글자가 바뀝니다. 간음을 뜻하던 첫 글자 A라는 주홍 글씨가 바로 천사를 뜻하는 'Angel'의 첫 글자 A로 바뀝니다. 누가 바꾼 것일까요? 헤스터가 바꾼 것입니까? 아닙니다! 하나님이 바꾼 것입니다. 눈물의 회개는 우리의 모든 것을 바꾸어 주는 것이며 우리의 모든 것이 새로워질 때 우리는 눈물을 흘리게 됩니다.

그러니 우리도 울자

성경 속 요셉의 삶은 눈물의 삶이었습니다. 성경에 보면, 그는 총 여섯 번의 눈물을 흘린 것으로 나옵니다.

> 1) 요셉이 그들을 떠나 가서 울고 다시 돌아와서 그들과 말하다가(창 42:24)

2) 요셉이 아우를 사랑하는 마음이 복받쳐 급히 울 곳을 찾아 안방으로 들어가서 울고(창 43:30)

3) 요셉이 큰 소리로 우니 애굽 사람에게 들리며 바로의 궁중에 들리더라(창 45:2).

4) 요셉이 그의 수레를 갖추고 고센으로 올라가서 그의 아버지 이스라엘을 맞으며 그에게 보이고 그의 목을 어긋맞춰 안고 얼마 동안 울매(창 46:29)

5) 요셉이 그의 아버지 얼굴에 구푸려 울며 입맞추고(창 50:1)

6) 요셉이 그들이 그에게 하는 말을 들을 때에 울었더라(창 50:17).

확인된 바와 같이 요셉이 흘린 총 여섯 번의 눈물은 모두 그가 총리대신으로 가장 안전하고 힘이 있을 때 흘렸던 눈물입니다. 그것도 그들의 형과 동생, 아버지와 연결된 사건을 경험하면서 흘린 눈물입니다. 그 눈물의 의미를 여기서 하나하나 조목조목 설명하기는 몹시 어려운 일입니다. 그러나 한 가지는 분명합니다. 요셉은 남들이 생각할 때 당연히 울어야 할 고난의 시기에는 울지 않았다는 점입니다. 요셉이 형들에게 잡혀 노예로 팔려 생활하다가 억울하게 감옥에 갇히는 순간까지 누가 봐도 눈물을 흘려야 할 어려운 시기에는 눈물을 흘리지 않았습니다. 정작 그가 눈물을 흘린 때는 그 모든 고통과 수고가 끝나고 총리대신이 된 뒤였습니다. 이것은 무엇을 뜻하겠습니까? 요셉의 눈물은 그전의 모든 고생과 수고가 끝나고 총리대신이 되어 자신의 삶을 돌아보며 과거 자신과 관계

했던 그 모든 복잡한 인간관계와 가정사가 다 하나님의 뜻 가운데 일어
난 섭리였음을 깨닫게 된 데에서 오는, 북받쳐 오르는 은혜의 눈물입니
다. 위로를 받은 자의 눈물이요, 치유함을 받은 자의 눈물이요, 은혜를
받은 자의 눈물입니다.

　그러니 우리도 울어야 합니다. 기쁠 때는 기뻐서 찬양하며 울고, 슬플
때는 은혜를 구하며 울어야 합니다. 우리 눈에서 눈물이 말랐다는 것은
이미 우리 영혼 속에 은혜가 말랐다는 증거입니다. 은혜를 받으면 눈물
이 흐르게 되어 있고, 눈물은 은혜를 은혜가 되게 합니다. 믿음이 행함의
역사함을 나타내는 힘이 되며, 행함이 믿음을 증명하는 증거가 되듯이
은혜가 눈물이 나게 하는 힘이라면, 눈물은 그 은혜를 증거하는 거룩한
현상입니다. 울어야 다시 살아날 수 있으며, 울어야 다시 일어날 수 있으
며, 울어야 다시 회복할 수 있고, 울어야 다시 깨끗해 질 수 있으며, 울어
야 다시 웃을 수 있습니다. 그러므로 우리도 울어야 합니다. 은혜는 눈물
이기 때문입니다.

나의 눈물 예수님의 눈물

이제부터라도 "제2의 종교개혁"을 원한다면, 우리가 이것을 놓고 울어야 합니다. 눈물을 흘리며 기도해야 합니다. 내 몸을 쳐서 복종시켜야 합니다. 은혜가 눈물이며, 그 은혜의 눈물이 회복되는 것이 우리 모두의 영혼 개혁이며, 교회 개혁이며, 종교개혁이기 때문입니다.

8장

'개혁'을 위해 울자

개혁은 눈물을 부른다

오늘날 교회 안팎에서 개혁의 목소리가 드높습니다. 그만큼 오늘날 한국 교회는 "제2의 종교개혁"이 필요한 시기가 되었습니다. 그래서 과거 16세기 종교개혁을 오늘날에 되살리기 위해 주변에서 많은 종교개혁 세미나도 생기고 종교개혁 행사도 하고, 심지어 종교개혁 성지를 다녀오기도 합니다. 다 좋은 일이고, 다 필요한 일입니다. 그런데 그 가운데 한 가지를 더해야 합니다. 그것은 눈물입니다. 종교개혁자들은 모두 눈물로 기도하던 사람이었습니다. 눈물 없이 은혜 없듯이, 은혜 없이 개혁도 있을 수 없습니다. 종교개혁 자체가 믿음을 그 본래의 믿음으로 되돌리며 은혜를 그 본래의 은혜로 회복하는 것인데 그러한 개혁이 눈물 없이는 이루어질 수 없습니다. 두 말할 나위 없이, 오늘날 절실히 필요한 "제2의 종교개혁" 또한 우리의 뜨거운 눈물을 부릅니다. 눈물은 은혜이기 때문입니다.

에코이즘(echoism) & 에코 신드롬(echo-syndrome)

그리스 로마 신화에 나오는 수많은 신(神) 가운데 가장 높은 신은 '제우스(Zeus)'입니다. 그는 힘이 있고 권위 있는 신왕(神王)이지만 한 가지 결정적인 단점이 있었습니다. 바로 여성 편력이 굉장한 바람둥이였다는 것입니다. 그래서 제우스에게는 여기저기서 낳은 자녀가 많았는데, 자신의 부인 '헤라(Hera)' 여신 사이에서 낳은 자녀 외에도, 다른 여신들과 림프 요정들과 관계해서 낳은 자녀들이 있고, 심지어 인간 세상의 여인들 사이에서 낳은 자녀들도 있었습니다. 그중에 대표적인 사람이 바로 그 유명한 천하장사 '헤라클레스'입니다. 남편 제우스의 부정한 행동이 이 정도니 그의 아내 헤라 여신의 스트레스는 이만저만한 것이 아니었습니다. 이 때문에 헤라는 항상 모든 의심의 촉각을 제우스에게 세우고 있을 수밖에 없었습니다.

어느 날, 헤라 여신은 남편 제우스가 또 다른 림프 요정들과 함께 바람피우고 있다는 소식을 듣고 그를 찾아 나섭니다. 그런데 이때 갑자기 '에코(echo)'라는 림프 요정이 헤라 여신 앞에 나타납니다. 에코는 말의 요정입니다. 정말 말이 청산유수로 많고, 또 말을 재미있게 잘합니다. 그야말로 에코는 세상에 둘도 없는 수다쟁이요 말쟁이입니다. 이렇게 갑자기 나타난 에코는 여러 가지 현란하고 재미있는 말로 헤라 여신의 마음을 잠시 다른 곳으로 돌려놓는 데 성공합니다. 물론, 이 모든 것은 모두 헤라 여신을 속이기 위한 에코 요정의 지연술책(遲延術策)이었습니다. 에코는 제우스와 함께 놀고 있던 자기 친구인 림프 요정들에게 그 틈을 타 제우스와 함께 도망칠 시간을 주기 위해 자신의 최대 무기인 현란한 말로 헤라의 정신을 혼미하게 만들어 그녀를 계속 제자리에 묶어 두었던 것입니다.

뒤늦게 이 사실을 알게 된 헤라가 가만히 있을 리가 없지요. 헤라는 몹시 화를 내면서 에코에게 저주를 내립니다.

"그 사악한 혀! 거짓된 입을 놀려 나를 속인 이 요망한 것아! 남을 속이는 더러운 말뿐인 이 요사스런 요정아! 저주를 받아라! 너는 이제부터 영원토록 말을 못하게 될 것이며, 다만, 남이 한 말의 끝부분만 평생 따라 말하며 지낼 것이다."

이런 저주가 떨어지자마자 즉시 그동안 말 잘했던 에코 요정은 아무 말도 못하는 벙어리가 되어 버립니다. 그리고 그 뒤부터 오로지 다른 사람의 말 끝부분만 따라 말하며 살게 됩니다. 그렇게 말 잘하던 요정이 갑자기 말을 못하게 되고, 더 나아가 다른 사람의 말 뒷부분만 평생 따라하게 되니 도무지 정상적인 생활이 불가능해진 에코는 결국 깊은 산에 들어가 혼자 숨어 살게 됩니다.

그래서 지금도 우리가 깊고 높은 산에 올라가 뭔가 큰 소리로 "야호!" 하고 외쳐 말하면 그 말의 끝부분이 저 멀리 다른 산 쪽에서 울려 퍼져 나옵니다. 과연 누가 따라한 말일까요? 헤라 여신에게 저주를 받은 에코 요정이 따라한 말입니다. 이것이 과거 그리스(헬라) 사람들의 사고방식이었습니다. 과거 그리스 사람들은 "왜 높은 산에 올라가서 외치면 우리 끝

말을 따라하는 소리가 저 편에서 들릴까?"라고 궁금해했습니다. 그리고 그들은 스스로 "맞아! 분명히 그곳에 요정이 살고 있기 때문이야!"라고 답했습니다. 그러면서 지금 소개한 하나의 신화가 탄생한 셈입니다. '에코'라는 그리스 이름이 나중에 영어로 발전되고 파생되면서 그 발음 그대로 쓰여 오늘날 우리가 메아리 또는 울림을 말할 때 쓰는 에코(echo)가 됩니다. 우리가 높은 산에서 듣게 되는 메아리가 바로 그 '에코'이며, 우리가 마이크를 점검하면서 "여기 '에코' 좀 더 넣어 주세요." 할 때의 그 '에코'도 바로 신화에서 나오는 '에코'입니다.

바로 여기에서 오늘날 한국 교회가 깊이 경계해야 할 '에코이즘'과 '에코 신드롬'이 있습니다. 그럼 이것은 과연 무엇일까요? 매우 뛰어난 언변술과 말기술로 좋은 말, 선한 말, 은혜로운 말, 사람을 살리고 돕는 귀한 말을 하지 않고, 오히려 그 반대로 남을 속이는 말, 거짓말, 나쁜 말, 악한 말, 사람을 죽이는 말을 하는 것을 '에코이즘'이라 하고, 또 입으로 말은 번지르르하게 잘 하는데 정작 그 말에 걸맞은 실천과 행동이 없는 병적 상황을 '에코 신드롬'이라고 합니다. 아마 여러분은 이 말을 처음 들어 보실 것입니다. 당연합니다. 이 말을 제가 처음 만들었기 때문입니다.

지금 소개한 '에코이즘'과 '에코 신드롬', 이 두 개의 신조어(新造語)는 오늘날 "제2의 종교개혁"을 부르짖고 있는 우리 한국 교회의 영적 상황을 너무나 잘 대변하는 말입니다. "태초에 말씀이 계시니라(요 1:1)."는 성경의 계시 때문인지는 몰라도 태초 이후로 하나님의 형상을 받은 인간은 타락한 뒤에도 항상 말이 많았습니다. 마치 그것을 증명하듯이 오늘날 한국 교회에는 참 말이 많습니다. 그런데 "말(words)"만 있지 "말씀(The Word)"이 없습니다. 그러다 보니 그 말씀을 증명할 거룩한 행동과 구별된 행위도 없습니다. 통신 기술의 발달에 힘입어 요즘처럼 하나님의 말씀을 쉽게 접하고 듣는 시대는 없으리라 생각합니다. 누구나 원하면 하나님의 말씀을 음성과 영상으로 쉽게 접할 수 있습니다. 무척 좋은 세상입니다. 그러나 그 말씀의 홍수 속에 진정한 하나님의 말씀은 들리지 않습니다. 그러다 보니 그 말씀이 현장에서 행동으로 증명되지 않습니다.

그것은 비단 목회자들이 서 있는 설교 강단뿐만은 아닙니다. 그 목회자들로부터 양육을 받는 일반 교인들과 성도들의 생활에서도 마찬가지입니다. 오늘날 그리스도인들은 세상으로부터 정말 말은 많은데 행동이 없다는 비평을 받습니다. 그 말이 맞습니다. 입술의 신앙 고백은 있는데, 그 입술의 신앙 고백이 증명되는 행동은 없습니다. 한마디로, 말과 행동이 함께 가는 '언행일치(言行一致)'가 없는 신앙생활이요, 믿음과 행위가 함께 가는 '신행일치(信行一致)'가 없는 교회 생활입니다. 그래서 오히려 불신자들이 신자들을 판단하는 시대가 바로 오늘날 우리 한국 교회의 불행한 현실입니다.

오늘날 한국 교회는 그야말로 "말씀의 홍수 시대"로 접어들었습니다. 이 홍수가 하나님의 저주를 불러오는 노아 때의 홍수가 되지 않아야 합니다(창 7:1-24). 오히려 거룩한 하나님의 성전 문지방에서 흘러내린 에스겔 때의 회복과 은혜의 홍수가 되어야 합니다(겔 45:1-12). 똑같은 홍수라도 저주의 홍수가 있었고, 은혜의 홍수가 있었습니다. 그렇게 되기 위해서는 오늘날 우리가 내뱉는 모든 신앙적인 말에 걸맞은 거룩한 행동이 있어야 하고, 우리가 드리는 입술의 신앙 고백을 증명하는 구별된 실천이 있어야 합니다. 그것이 바로 '행동으로 증명되는 믿음', "이행증신(以行證信)"입니다.

이신칭의(以信稱義) & 이행증신(以行證信)

종교개혁의 신앙 원칙은 믿음으로 의롭게 된다는 이신칭의입니다. 우리는 그것을 입으로 고백하고 시인합니다. 그래서 성경은 이렇게 계시합니다.

로마서 10:10 사람이 마음으로 믿어 의에 이르고 입으로 시인하여 구원에 이르느니라

빌립보서 2:11 모든 입으로 예수 그리스도를 주라 시인하여 하나님 아버지께 영광을 돌리게 하셨느니라

로마서 10:9 네가 만일 네 입으로 예수를 주로 시인하며 또 하나님께서 그를 죽은 자 가운데서 살리신 것을 네 마음에 믿으면 구원을 받으리라

이러한 말씀을 신학적으로 정리한 것이 '이신칭의'입니다.

해병대에 입대하면 제일 먼저 머리에 박히도록 교육하는 것이 "한 번 해병은 영원한 해병이다."라는 구호랍니다. 제가 공부했던 미국 루터교단 컨콜디아 신학교에서는 마치 해병대의 구호 같이 거의 모든 학생에게 옆에서 손으로 툭 건드리면 바로 입에서 자동적으로 튀어나오도록 교육시키는 말이 있습니다.

Justification by grace through faith on account of Jesus Christ.
(예수 그리스도로 말미암은 은혜에 의한 믿음을 통한 의롭다 하심)

이 신학 구호는 그냥 나온 것이 아니라 "너희는 그 은혜에 의하여 믿음으로 말미암아 구원을 받았으니 이것은 너희에게서 난 것이 아니요 하나님의 선물이라(엡 2:8)."고 계시된 성경말씀에 기초한 것입니다. 이처럼 우리의 구원은 오로지 하나님의 은혜이며, 그 은혜로 우리에게 허락하신 믿음을 통하여 얻게 된 인류 최대의 기적 중 기적입니다. 우리가 믿었기 때문에 구원을 받는 것이 아니라 하나님께서 우리를 구원하시기로 작정하고 예정하셨기에 정하신 때에 구원을 받을 믿음을 우리에게 주신 것입니다. 그러므로 믿음은 구원의 조건이 아닌 구원의 증거인 셈입니다. 그러므로 우리가 입으로 시인하는 믿음과 입으로 증거하는 신앙 고백은 매우 중요합니다.

그런데 우리가 항상 입으로 시인하는 믿음과 우리 입으로 증거하는 신앙 고백이 방금 위에서 말한 입술의 말뿐인 '에코이즘'과 '에코 신드롬'이 되지 않기 위해서는 그 믿음과 신앙 고백을 증명할 수 있는 행동이 있어야 합니다. 행동으로 증명되지 않은 신앙 고백과 믿음의 표현은 그저 입만 번지르르 할 뿐, 삶의 실천으로 나타나는 열매가 없는 '에코이즘'과 '에코 신드롬'으로 변질될 수 있습니다.

오늘날, 지금 이 자리에 서 있는 저와 같은 우리 한국 교회의 목회자들의 타락과 실족과 추문들! 우리 한국 각 교회의 신앙인들, 항존직을 비롯한 교회 중직자들의 비리와 탈법과 위반 행위들, 그 외 한국 교회 도처에서 일어나고 있는 차마 입에 담기에도 부끄러운 수많은 불경건한 신앙양태는 모두 다 입으로는 "사도신경"으로 신앙 고백을 하지만, 그 신앙 고백이 신앙생활의 실천으로 증명되지 않기 때문에 생기는 결과이며, 다 입으로는 "주기도"로 기도해도 그 기도가 신앙생활의 모범으로 응답되지 않기 때문에 나온 결과입니다. 바로 말뿐인, 행동과 실천이 없고 열매가 없는 '에코이즘'과 '에코 신드롬'입니다.

우리가 이 말을 들을 때 조심해야 합니다! "이 점에 있어서, 나만은 예외다.", "이것은 내 이야기가 아니다."라는 사탄의 속임수, 그 속삭임에 넘어가서는 안 됩니다. 여기에는 예외가 없습니다. 우리 모두 다 똑같은 책임이 있습니다. 그래서 함께 눈물을 흘리며 회개하고 다시 한번 신앙의 옷깃을 여며야 할 일이지 "이것은 전부 다 다른 사람 이야기다!", "나 아닌 저 사람 이야기다!"라고 생각해서는 안 됩니다. 한 명의 예외도 없습니다. 오늘날 우리는 모두 다 영적인 '에코이즘'과 '에코 신드롬'의 위험에 노출되어 있습니다. 그러므로 우리 자신부터 잘해야 하고 우리 자신부터 돌아봐야 합니다. 지난 2017년에 종교개혁 500주년을 맞이하여 저에게 소포로 전달된 총회 관련 문서 속에 몇 장의 스티커가 동봉되어 있었습니다. 동그란 스티커 앞에 "나부터 고치겠습니다!"는 문구가 적혀 있었습니다. 그렇습니다. 우리부터! 나부터 고쳐야 합니다. 그것이 종교개혁이자 신앙개혁이며 그 과정에서 다시 한번 은혜를 경험하여 뜨거운 회개의 눈물을 흘려야 합니다.

과거 16세기의 종교개혁이 갈라디아서와 로마서의 말씀을 중심으로 한 '이신칭의'의 개혁이었다면, 오늘날 21세기의 종교개혁은 16세기 종교개혁이 강조한 '이신칭의'와 더불어 행동으로 그 믿음을 증명하는 '이행증신'이 강조되어야 합니다. 성경은 이미 '이행증신'의 교리를 야고보 사도를 통해 계시한 바 있습니다.

야고보서 2:18　너는 믿음이 있고 나는 행함이 있으니 행함이 없는 네 믿음을 내게 보이라 나는 행함으로 내 믿음을 네게 보이리라

야고보서 2:22　네가 보거니와 믿음이 그의 행함과 함께 일하고 행함으로 믿음이 온전하게 되었느니라

야고보서 2:20　아아 허탄한 사람아 행함이 없는 믿음이 헛것인 줄을 알고자 하느냐

야고보서 2:26 영혼 없는 몸이 죽은 것 같이 행함이 없는 믿음은 죽은 것이니라

'이신칭의'는 은혜로 주어지는 믿음이요, '이행증신'은 그 믿음을 증명하는 행동입니다. 저는 항상 이것을 이렇게 비유합니다. 우리가 교회에 출석하며 나오는 행동 자체로는 구원을 얻을 수 없습니다. 아무리 교회를 착실히 출석해도 예수님을 믿는 믿음 없이는 구원이란 없습니다. 예수님을 믿어야 구원을 받는 것입니다. 하지만, 예수님을 믿는 사람은 당연히 교회에 나오는 행동을 실천하게 되어 있습니다. 마찬가지입니다. 우리의 행동은 우리 구원과 아무런 상관없습니다. 그러나 구원 받을 만한 믿음을 가진 사람은 그에 걸맞은 행동을 실천하게 되어 있습니다.

짠 소금이 입안으로 들어왔는데 어찌 물을 찾지 않겠습니까? 입으로 들어온 염분은 우리로 물을 찾는 행동을 하게 합니다. 마찬가지로, 그 놀라운 믿음이 우리 영혼 속에 들어왔는데 어떻게 구원을 받은 사람으로서의 행동이 나오지 않겠습니까? 우리 영혼 속에 들어온 믿음은 그 믿음에 걸맞는 행동을 보일 수밖에 없도록 우리를 인도합니다. 이것이 행함으로 증명되는 믿음, '이행증신'입니다.

은혜의 눈물도 마찬가지입니다. 우리에게 은혜가 들어오면 눈에서는 눈물이 납니다. 은혜는 눈물을 흘리게 하는 영적 힘이요, 눈물을 흘린다는 외적 현상은 우리 안에 은혜가 있다는 것을 증명합니다. 은혜가 눈물이고 그 눈물이 은혜를 증명하듯, 믿음이 행동을 이끌어 내며 그 행동이

은혜는 눈물이다

우리의 믿음을 증명합니다. 그러므로 21세기 "제2의 종교개혁"을 위해서는 '이행증신'이 필요합니다. 눈물을 흘리며 자신의 몸을 쳐서 복종시키며 순종하는 '이행증신'이 우리에게 있어야 합니다.

율법주의 vs 율법 준수

믿음으로 의롭다함을 얻는 구원(이신칭의)과 함께 행동으로 증명되는 믿음(이행증신)을 말할 때마다 문제가 되는 것이 율법(행위, 규범, 법)입니다. 이 어려운 율법에 관한 문제를 올바로 이해하기 위해서는 "율법주의"와 "율법 준수"를 구분해야 합니다. 그럼 "율법 준수"는 무엇이고, "율법주의"는 무엇일까요? 한 가지 예를 들어 설명하려 합니다.

제가 과거 부목사로 사역하고 있던 교회의 한 구역장 권사님 사례입니다. 그 권사님은 선지 해장국을 드시지 않습니다. 그 이유가 독특합니다. 그것을 드시는 않는 것은 그분의 건강상 이유도 아니고, 음식의 선호(選好)에 따른 것도 아닙니다. 다만 그 권사님은 오로지 말씀대로(율법대로) 살아 보려는 노력 때문에 선지 해장국을 먹지 않습니다. 성경말씀(율법)에 분명히 "피를 먹지 말라(레 17:12)."고 되어 있기 때문입니다. 그래서 그 권사님은 피로 만든 해장국인 선지 해장국을 먹지 않습니다.

그럼 이 권사님은 율법주의자일까요? 율법 준수자일까요? 만약, 그 권사님이 자기 혼자만의 신앙적 양심과 자유로 개인 영성 훈련을 위해 그렇게 하신다면 그 행동은 율법 준수이며, 그 권사님은 율법 준수자이십니다. 그것은 그저 정말 순수한 한 신앙인으로 믿음을 가지고 성경말씀 그대로 살아 보고 율법대로 한번 실천하기 위한 노력입니다. 이 점에 대해서 다른 사람들이 딱히 비판하고 비난할 이유는 없다고 봅니다. 그것은 어디까지나 그 권사님 한 개인의 신앙적 양심이고 자유입니다. 그리고 그 권사님 개인의 영성 수련이요 영적 훈련입니다.

그러나 다른 경우를 생각해 봅니다. 만약에 그 권사님이 그것을 다른 사람에게 강요한다고 생각해 봅시다. 물론, 많이 양보해서 권면까지는 좋다고 생각합니다. 그런데 그것을 필수 조항으로 강요한다면 어떨까요? 그리고 그것으로 다른 사람의 신앙을 저울질한다면 어떨까요? 더 나아가, 자신과 똑같이 그렇게 실천하지 않는 사람을 은근히 무시하고 심지어 정죄한다면 어떻게 될까요? 그것으로 은근히 자신의 의를 나타내고 남 앞에서 자랑한다면 어떻게 될까요? 그때 그 행동은 율법주의요, 그 권사님은 율법주의자가 되어 버립니다.

우리는 기억해야 합니다. 율법 자체가 나쁜 것이 아닙니다. 율법 자체가 악한 것이 아닙니다. 그래서 바울도 "율법이 죄냐 그럴 수 없느니라(롬 7:7)."고 말하면서 율법의 장점에 대해 말했습니다. 그러므로 어느 한 개인이 자기 자신의 신앙 훈련을 위해 율법을 철저히 지키려 노력하는 것 자체는 전혀 문제없습니다. 어떤 면에서는 오히려 권장해야 합니다. 말씀대로 살고 율법대로 사는 것이 신앙생활인데, 당연히 그러한 율법 준수자의 모습은 본받아야 하고 추천해야 합니다.

그런데 무엇이 문제이며, 우리가 무엇을 경계해야 합니까? 그러한 율법 준수가 율법주의로 변질되는 것, 그것을 경계해야 합니다. 율법을 준수하는 자신의 행동과 실천을 필요 이상으로 남에게 강요하거나 그것을 기준으로 삼아 다른 사람을 판단하는 잣대로 삼는다면 그것은 영락없이 율법주의가 됩니다.

예수님께서 허락하신 은혜의 시대 이후 바울 서신을 통해 신학적으로 정립된 율법 조항은 지키지 않아도 구원을 얻는 데 문제없습니다. 율법이란 굳이 지키지 않아도 우리의 구원 문제에 걸림돌이 되지 않습니다. 우리는 율법이 아닌 믿음으로 구원을 받기 때문입니다. 그러나 율법을 지킨다고 해서 그것도 잘못될 것 없습니다. 이미 믿음으로 구원을 받은 사람이 자신의 신앙 수양과 훈련을 위해 율법 조항을 지키려 노력하는 것이 잘못일까요? 전혀 잘못이 아닙니다. 다만, 그것이 자기 선에서 끝나야 합니다. 다른 사람에게 강요해서는 안 됩니다. 그래야 그 율법 준수의 미덕이 살아나지, 그렇지 않고 그것을 다른 사람에게 강요하고 그 사람에 대한 신앙 판단의 기준으로 삼게 되는 그 순간, 그 사람의 율법 준수는 율법주의로 추락하게 됩니다.

예수님께서 왜 그렇게 바리새인들을 책망하셨습니까? 그들이 가지고 있는 율법 준수의 열심 때문입니까? 아닙니다. 오히려 예수님께서는 "너희 의가 서기관과 바리새인보다 더 낫지 못하면 결코 천국에 들어가지 못하리라(마 5:20)." 말씀하셨습니다. 예수님께서는 바리새인들이 보여준 율법 준수의 열심을 책망하신 것이 아닙니다. 다만, 그들이 그 열정을 오히려 자신을 자랑하고 타인을 정죄하도록 만드는 데 사용하고 있기에 책망하신 것입니다. 바로 율법주의를 책망하신 것입니다. 분명히 기억해야 합니다. 성경을 통해 예수님께서 책망하신 것은 거룩한 율법 자체도 아니었고, 그 율법을 열심히 지키려고 노력하는 신실한 율법 준수도 아니었습니다. 책망하신 것은 그 거룩한 율법을 악용하여 오히려 드높여야 할 은혜의 진리를 추락시키고 변질시켜 놓은 율법주의였습니다.

율법주의자가 아닌 율법 준수자이신 예수님

이런 면에서 볼 때, 예수님께서는 율법주의자가 아닌 율법 준수자이십니다. 예수님께서 율법을 준수하지 않고 항상 율법을 폐기하기 위해 율법을 어긴 분으로 오해합니다. 성경을 보면, 안식일 때 율법을 어기신 예수님의 행적이 많기 때문입니다. 그러나 예수님께서는 율법 준수자로서 직접적인 실천과 모범을 통해 율법을 완성하신 분입니다. 예수님께서는 예수님과 율법의 관계에 대해 다음과 같이 직접 말씀하셨습니다.

> 마태복음 5:17-19 내가 율법이나 선지자를 폐하러 온 줄로 생각하지 말라 폐하러 온 것이 아니요 완전하게 하려 함이라 진실로 너희에게 이르노니 천지가 없어지기 전에는 율법의 일점일획도 결코 없어지지 아니하고 다 이루리라 그러므로 누구든지 이 계명 중의 지극히 작은

것 하나라도 버리고 또 그같이 사람을 가르치는 자는 천국에서 지극히 작다 일컬음을 받을 것이요 누구든지 이를 행하며 가르치는 자는 천국에서 크다 일컬음을 받으리라

본문에 두 종류의 사람이 나옵니다. 계명 중에 지극히 작은 것 하나라도 어기는 사람과 모든 계명을 다 잘 지키는 사람입니다. 그런데 말씀을 잘 보면 둘 다 천국에 갑니다. 예수님께서 말씀하시는 차이는 다만 천국에서 크고 작음의 차이가 있다는 것입니다. 그럼 이 말씀이 율법을 지키라는 것입니까? 어기라는 것입니까? 지키라는 말씀입니다. 예수님께서는 분명히 율법을 지키라고 말씀하고 있습니다. 이 말씀을 통하여 율법 준수를 가르치고 계십니다. 이처럼 예수님께서는 율법을 존중하셨습니다. 예수님께서는 절대로 율법을 무시하거나 버리지 않으셨습니다. 예수님께서는 율법에 의거하여 난 지 8일 만에 할례를 받으셨고, 정기 규례에 따라 명절과 유월절을 지키셨고. 안식일도 지키셨습니다.

그러던 중, 필요한 경우에는 율법을 가끔 단호히 어기신 적이 있었던 것입니다. 예수님께서는 율법의 기본 정신을 떠난 율법주의로 말미암아 율법이 은혜를 말살하는 하나의 독소 조항으로 사용될 때 그것을 방지하기 위해 율법을 어기셨습니다. 율법이 잘못 적용되어 "율법 준수"가 아닌 "율법주의"의 폐단이 드러날 때만 그 문제를 지적하기 위해 예외적으로 율법을 어기신 적이 있었던 것입니다. 그런데 그러한 예수님의 행동이 그 당시 매우 이례적인 행동이었고, 예수님의 복음을 제대로 선포하

는 사건이었기에 성경에 특별히 강조되어 기록된 것일 뿐입니다. 그 외 다른 평범한 경우에는 예수님께서도 율법을 준수하셨습니다.

이런 상황으로 이해하시면 됩니다. 상상해 봅시다. 여자가 임신해서 아이를 낳았다는 사실은 신문에 크게 보도가 되지 않습니다. 그것은 너무나 당연한 일이기 때문입니다. 그러나 남자가 임신해서 아이를 낳았다고 생각해 봅시다. 이것은 해외 뉴스거리입니다. 특이한 일이기에 전 세계가 발칵 뒤집힐 것입니다.

성경에 나와 있는 예수님의 율법 준수도 마찬가지입니다. 예수님께서 평소 율법을 잘 지키셨습니다. 이것은 그 당시로는 당연한 일입니다. 그래서 그 일은 성경에 그리 자세히 기록되지 않습니다. 그러나 예수님께서 율법을 어기셨다는 사실, 특별히 안식일을 어기셨다는 사실은 매우 특이한 일입니다. 그리고 우리가 복음을 이해함에 있어 매우 이례적이고 중요한 사건입니다. 그래서 복음서에 자세히 기록된 것이지 예수님께서 항상 그렇게 율법을 어기신 것은 아닙니다.

바로 여기에 예수님께서 그렇게 율법을 잘 지키는 서기관 바리새인들을 책망하신 이유가 있습니다! 바리새인들은 예수님과 달리 그렇게 철저히 지키고 행한 그 거룩한 "율법 준수"를 통해 엉뚱하게도 사람을 정죄하고 자신의 의를 나타내 교만하게 하는 "율법주의"를 만들어 냈기 때문입니다. 예수님께서 바리새인들을 비판하실 때는 율법 자체를 필요 없다고 비난하거나 말씀하시거나 그 율법을 철저히 지키려 노력하는 행위 그 자체를 두고 비판하신 것이 아닙니다. 예수님께서는 그들이 가지고 있는

은혜는 눈물이다

"율법 준수"의 열심을 비판하신 것이 아니라 그렇게 열심히 율법을 지키는 "율법 준수"의 역기능 혹은 부작용인 "율법주의"를 비판하신 것입니다. 우리가 흔히 "'권위'를 없애자는 것이 아니라 '권위주의'를 없애자!'라고 말하는데, 정확히 딱 맞아떨어지는 비유는 아니지만 예수님의 율법관은 이와 비슷한 맥락으로 이해할 수 있습니다.

"율법주의자"는 율법으로 사람들을 얽매이게 하고 은혜의 복음으로부터 떨어지게 하지만, 그 반대로 "율법 준수자"는 받은 바 은혜는 그 은혜대로 감사하며 누리고, 그 받은 바 은혜에 감격하여 자신이 할 수 있는 최선의 범위에서 하나님의 말씀과 계명을 지키기 위해 노력합니다. "율법주의자"에게 있어 율법은 구원을 받기 위한 하나의 법령이요, 짐이고 올무이지만 "율법 준수자"에게 있어 율법은 구원을 받은 사람이 그 구원의 감격과 감사 때문에 기꺼이 자신이 지키고 싶은 만큼 또는 지킬 수 있는 데까지 지켜 나가는 하나의 실천 조항이 됩니다. 이런 면에서 "율법 준수자"의 율법은 더는 짐이나 올무가 아니라 경건하게 살기 위한 좋은 안내 조항이 되는 셈입니다.

그럼 우리는 이제 예수님께서 말씀하신 율법의 완성이라는 의미를 알 수 있습니다. 율법의 완성이라는 말은 율법이 필요 없고, 율법을 지킬 필요가 없다는 "율법 무용론", "율법 폐기론"이 아닙니다. 그 뜻은 예수님께서 우리가 연약하여 율법을 어길 때마다 우리에게 주어지던 저주로부터 우리를 완전히 해방하셨다는 뜻입니다. 예수님께서 말씀하신 율법의 완성은 율법 자체로부터의 자유가 아닙니다. 그것은 율법이 주고 있던 악한 부산물인 율법을 지키지 못했을 때의 저주로부터의 해방시키셨다는 뜻입니다. 그러므로, 예수님께서 "나는 율법의 완성자다."라고 말씀하신 그 내면의 깊은 뜻은 "율법주의자"가 아닌 "율법 준수자"로서의 자기 선언이 들어 있는 셈입니다.

과거에 고등학생은 모두 머리를 스포츠형으로 깎아야 했습니다. 그것은 대한민국 모든 고등학생의 율법이었습니다. 당시 그것을 지키지 않으면 벌칙, 즉 저주가 찾아왔습니다. 우리가 흔히 말하는 "고속도로 머리"입니다. 머리 정중앙을 반으로 갈라 밀어 버리는 것입니다. 그러나 지금은 어떻습니까? 자율화가 되었습니다. 고등학생이 머리를 스포츠형으로 깎아도 되고 그렇게 안 해도 됩니다. 어떤 학생의 경우, 스포츠형으로 이발합니다. 스포츠형 머리 형태가 없어진 것이 아니라 다만 그런 머리를 하지 않았을 때 주어졌던 저주스런 벌칙이 없어진 것입니다.

율법으로부터의 해방은 율법이 필요 없다거나 율법이 나쁜 것이라는 뜻이 아니라 율법을 지키다가 다 지키지 못해도 과거와 같은 저주에 얽매이지 않는다는 뜻입니다. 이처럼 예수님께서는 율법 폐지론자나 율법 무용론자가 아니었습니다. 오히려 율법의 완성자였습니다. 그럼 율법의 완성자라는 것은 무슨 뜻일까요? 율법에 자유하면서도 율법의 가치를 잘 누리는 삶의 모습을 우리에게 보여 주셨다는 뜻입니다. 그런 뜻에서 예수님께서는 율법주의자가 아닌 율법 준수자입니다.

율법주의자에서 율법 준수자로 변화하는 네 가지 길

이제 우리는 율법주의자가 아니라 율법 준수자로 살아야 합니다. 그 과정을 위해 우리가 구분해야 할 중요한 네 가지 명제가 있습니다.

1) 필수(必守) vs 엄수(嚴守)

필수는 반드시 지켜야 하는 것입니다. 안 지키면 처벌을 받거나 저주를 받아 죽습니다. 그러나 엄수는 선택입니다. 최대한 가능한 데까지 할 수 있는 데까지 지키면 되는 것입니다. 그것을 못 지켰다고 죽이지 않습니다. 어디까지나 권장 사항입니다. 예수님 이전의 율법은 필수 조항입니다. 구원을 받기 위해 반드시 지켜야 했습니다. 만약 어기면 최악의 경우 죽었습니다. 예수님 이후의 율법은 엄수이며 권장 사항입니다. 우리가 할 수 있다면 최대한 지키려 노력하면 됩니다. 그럼 좋은 열매가 있습니다. 물론, 안 지켜도 구원 자체에 큰 문제는 없습니다. 그러나 지키면 구원을 받은 사람으로서 열매를 맺습니다. 예수님 이전에는 율법을 구원 얻기 위해 두려워서 지켰습니다 그러나 예수님 이후에는 이미 구원을 받았기 때문에 감사함으로 기꺼이 즐겁게 지키려 노력합니다.

다시 말하지만, 예수님 이전의 율법은 구원을 얻기 위한 필수 조항이었습니다. 그러나 예수님 이후의 율법은 구원의 열매를 얻기 위한 엄수입니다.

새벽기도는 한국 교회의 율법입니다. 힘들지만 지키려 노력합니다.

새벽기도를 반드시 지킵니까? 아니면 지킬 수 있을 때 지킵니까? 물론, 반드시 지키면 좋습니다. 그리고 철저히 지키는 것이 아름다운 일입니다. 그러나 구원을 얻기 위해 반드시 지켜야 하는 필수 사항은 아닙니다. 지킬 수 있을 때 지켜도 그리 크게 문제없습니다. 예수님 이후로 모든 율법과 계명은 필수 사항이 아니라 엄수 사항이 되었기 때문입니다.

새벽기도는 하나의 율법입니다. 그러므로 새벽기도도 율법 준수의 마음으로 해야지, 율법주의의 산물이 되면 안 됩니다. 율법 준수의 마음으로 하면, 할 때마다 감사가 나오고 경우에 따라 못할 때는 그저 하나님 앞에 송구스러운 마음을 가집니다. 그러나 새벽기도를 율법주의로 하면 자기도 모르게 하는 만큼 교만해지고 또 새벽기도를 못할 때는 하나님 앞에 죄책감을 느끼고 혹시라도 벌 받을까 두려워합니다.

한국의 수많은 영성가는 모두 다 새벽기도를 강조하고 열심히 새벽기도를 합니다. 그런데 그들이 다 누구에게 영향을 받는 줄 아십니까? 새벽기도 전혀 안 하는 유럽이나 미국과 같은 서양 영성가들에게 영향을 받습니다. 그중에는 동성연애자도 있습니다. 이 점을 우리는 깊이 한번 생각해 봐야 합니다.

새벽기도뿐만 아니라 그 외 교회의 여러 일이 다 그렇습니다. 신앙인으로서 마땅히 해야 할 일도 마찬가지입니다. 그 모든 것을 율법 준수의 마음으로 하면, 할 때마다 할 수 있는 기회와 힘을 주셔서 기쁘고, 못 할 때는 그저 아쉽습니다. 그러나 율법주의의 마음으로 하면 열심히 하는 만큼 교만해지고 못할 때는 혹시 벌을 받을까 두렵게 됩니다. 마음은 원이로되 육신이 따라가지 못하는 우리의 모습을 하나님께서는 이미 다 알고 계십니다. 그러니 필수 조항이 아닌 엄수 조항으로 율법을 지켜 나가면 됩니다.

2) 판단(判斷) vs 연단(練端)

판단은 나의 손가락이 남에게 향하는 것입니다. 반대로 연단은 나의 손가락이 나에게로 향합니다. 예수님 이전의 율법은 율법을 잘 지킨 사람이 율법을 안 지킨 사람을 정죄하는 판단 기준이었습니다. 그 기준은 사람을 교만하게 만듭니다. 율법을 잘 지키면 잘 지킬수록 더 교만해지고 더 비판적이 됩니다. 그러나 예수님 이후의 율법은 그 반대입니다. 율법을 못 지켰다고 함부로 남을 비판하거나 정죄하지 않습니다. 그것을 판단하는 기준을 타인이 아닌 자기 개인의 연단 과정, 훈련 과정, 성숙하는 과정으로 이해합니다. 율법주의의 마음은 사람을 교만하게 만들지만 율법 준수의 마음은 사람을 성실하게 만듭니다.

40일 금식기도를 예로 들어 봅니다. 다른 목사님이 해 주신 이야기입니다. 어느 교회 집회 강사로 갔는데, 어느 성도가 명함을 줍니다. 그 명함에 40일 금식기도를 두 번 했다는 기록이 적혀 있습니다. 대체 무슨 의미일까요? 그분에게는 자신이 40일 금식기도를 두 번 했다는 것이 그 사람의 훈장이 된 셈입니다. 그 후로는 그것이 그 사람에게 남을 자신과 비교해서 정죄하는 판단 기준이 되어 버립니다. 40일 금식기도를 안 한 사람을 자기보다 신앙 등급이 낮은 사람으로 보게 됩니다.

그러니 이제부터는 남을 정죄하기 위한 판단 기준으로 율법을 지키는 것이 아니라 자신의 개인 신앙 훈련과 연단의 과정으로 율법을 지켜야 합니다. 어디까지나 율법 준수를 통해 우리 자신을 돌아봐야 합니다. 율법주의는 본인에게 덕이 안 되고 다른 사람에게도 상처를 줍니다. 그러나 율법 준수는 사람이 율법을 실천할 때, 그것을 자신의 연단 과정과 훈련 과정으로 인식합니다. 그러니 열심히 할수록 더욱더 성숙해집니다.

3) 죄인(罪人) vs 범인(凡人)

예수님 이전의 율법은 우리에게 자꾸 "너는 죄인이다!"라고 말합니다. 그러나 예수님 이후의 율법은 항상 우리에게 "너는 은혜 없이는 못 사는 죄인이다."라고 말합니다. 똑같은 말이라도 그 어감과 느낌이 다릅니다.

예수님 이전에는 율법을 지킬 때마다 실패하면서 우리들의 죄가 생각나도록 합니다. 그래서 자꾸 죄의 올무에 빠지게 합니다. 예수님 이전의 율법은 계속 우리에게 "너는 죄인이야!"라고 말합니다. 그러나 예수님 이후의 율법은 지킬 때마다 우리의 연약함을 돌아보고 그래도 이렇게 율법을 지키려고 노력하는 그 과정이 하나님 은혜의 결과임을 깨닫게 합니다. 그래서 율법을 지킬 때마다 "역시 나는 은혜 없이는 살 수 없구나!"라고 고백하며 은혜를 더욱더 사모하게 합니다. 죄인으로 낙인찍히는 것이 아니라 나도 결국 다른 사람과 똑같은 범인이라는 사실로 겸손하게 만듭니다.

4) 전통(傳通, tradition) vs 정통(正統, orthodox)

전통은 이때까지 이렇게 해 왔다는 것입니다. 관례상 지금까지 그렇게 이어져 왔다는 것이 전통입니다. 으레 그런 것입니다. 그래서 지금도 하고 있는 것을 전통이라 합니다. 그럼 정통은 무엇입니까? 이것은 진리라는 것입니다. 영구불변한 진리이기에 절대 바뀔 수 없다는 것이 정통입니다. 전통과 정통, 둘 다 공통점이 있습니다. 둘 다 지금도 하고 있다는 점에서 똑같습니다. 그러나 그 출발점이 다릅니다! 진리인 정통은 항상 전통이 됩니다. 그러나 관습의 산물인 전통이 항상 정통이 되는 것은 아닙니다. 이것이 가장 큰 차이점입니다.

중세 성당 한 귀퉁이에는 방울이 달려 있었습니다. 나중에 알고 보니, 그것은 고양이 목에 다는 방울입니다. 사람들이 다 궁금해 했습니다.

"왜 거기에 방울이 달렸을까? 그것도 고양이 방울이?"

이것이 뜨거운 신학적 연구 주제가 되었습니다. 그래서 가톨릭 사제들이 비싼 비용과 인력을 들여 연구했습니다. 역사적으로, 신학적으로 추적하여 논문까지 발표했습니다. 그 이름도 거창하게 "중세 가톨릭 예배와 고양이 방울 교회 장식물의 예전 관계"입니다. 주변에 화제가 되었고, 극찬했으며 많은 사람이 그곳을 순례했습니다.

그런데 후에 알고 보니, 원래 유래는 이런 것이었습니다.

옛날 그 성당에 나이 많은 원로 사제가 있었습니다. 혼자 살다 보니, 외로워서 애완 고양이를 키우며 그 고양이를 가족처럼 사랑했습니다. 그런데 고양이가 그만 죽었습니다. 원로 사제가 그 고양이를 그리워하며 성당 한 귀퉁이에 고양이의 방울을 유품으로 달아 놓았습니다. 문제는 그 뒤입니다. 그 사제가 죽고 난 뒤, 어느 누구도 그 방울에 관심을 가지지 않아서 그대로 방치되어 있었습니다. 그리고 그것이 그냥 오랜 세월 그대로 내려왔습니다. 한마디로, 그렇게 그곳의 전통이 되었습니다. 그 방울은 그야말로 그 성당의 대표 성물(聖物)이 되었습니다.

그런데 누군가 묻습니다.

"저기 왜 방울이 달렸어요?"

그 대답은 이렇습니다.

"몰라요! 이때까지 그렇게 달려 있었어요!"

이것이 전통의 폐단입니다. 결국, 그냥 그렇게 방치된 그 전통이 급기야 후대 사람들에게는 정통처럼 되고 진리처럼 되어 버렸습니다. 그래서 그 비싼 예산에 인력까지 투자해서 긴 시간 학문적인 논문까지 쓰는 웃지 못할 사고가 터졌던 것입니다.

16세기 종교개혁 시기에 이런 일이 참 많았습니다. 근거도 없이 그냥 내려온 교황의 전통을 하나님 말씀 이상의 정통으로 알고 따랐습니다. 정통인 성경에서 해답을 찾지 않고 교황을 중심으로 한 교회 조직의 전통에서 해답을 찾았던 것입니다. 그래서 종교개혁자들이 이렇게 외쳤던 것입니다.

"이것은 아니다! 오로지 성경이 정통이다! 우리 모두 성경으로 돌아가자! 오직 성경!"

은혜는 눈물이다

피눈물 vs 은혜의 눈물

평생 신앙생활하는 동안 지켜야 할 것이 많습니다. 해야 할 것도 많고, 하지 말아야 할 것도 많습니다. 그 모든 것을 우리가 말씀대로 율법대로 다 제대로 지킬 수 있을까요? 없습니다! 불가능합니다. 그 모든 것을 다 지킬 수 있는 사람은 이 세상에 단 한 사람도 없습니다. 그러므로 하나님의 말씀을 율법주의의 관점으로 보면 우리에게는 소망이 없습니다. 절망하고 힘이 빠집니다. 그러나 하나님의 말씀을 율법 준수의 관점으로 보면 갑자기 신앙의 도전 정신이 생깁니다.

"그래! 한번 말씀대로 지켜 봐야지!"

"한번 순종하는 삶을 살아 봐야지!"

"이번 한 달 동안 새벽기도 한 번 빠지지 않고 출석해 보겠다!"

"금년이 가기 전에 내가 꼭 내 주변 사람 한 명을 전도해 보겠다."

율법 준수의 마음은 이와 같은 신앙의 결심이 서게 합니다.

열심히 율법을 지켜 봅시다. 율법주의의 마음이 아니라 율법 준수의 마음으로 열심히 율법을 지켜 봅시다. 지키다 실패해도 문제없습니다. 다 못해도 문제없습니다. 율법을 지키려고 노력한다는 그 사실 자체가 중요한 것입니다. 그것이 율법 준수 정신입니다.

그런데 그 다음이 문제입니다! 그렇게 한 뒤에 만약 이런 생각이 든다면 조심해야 합니다. "나처럼 새벽기도 안 하는 사람들! 나처럼 전도 한 명도 못한 사람들! 나처럼 성경 통독도 안 해 본 사람들! 나처럼 뭐도 안

해 본 사람들! 모두 다 나보다 믿음이 없는 사람들이야!" 극심한 "율법주의"에 빠진 것입니다. 이것을 조심해야 합니다. 그러므로 그런 아름다운 "율법 준수"의 실천이 더러운 "율법주의"로 변질되지 않기 위해서는 반드시 하나님과 자기 자신만 생각해야 합니다. 자신의 수련과 연단 과정, 성숙 과정으로 생각해야지 절대로 옆의 다른 사람을 보지 말고 또 절대로 다른 사람과 비교하고 판단해서도 안 됩니다. 그것에 따라 우리가 흘리는 눈물도 달라집니다. 율법주의자는 결국 죄인으로서 피눈물을 흘리게 되지만, 율법 준수자는 은혜를 받은 죄인으로서 감동의 눈물을 흘리게 됩니다.

만인제사장설! 그 본래의 것으로! - 위험한 오해와 잘못된 적용

"만인제사장설(萬人祭司長說, The Priesthood of all Believers)"은 하나님께서 종교개혁 시기에 마르틴 루터를 통하여 허락하신 가장 독창적이며 대표적인 신학 개념입니다. 한마디로 "믿음으로 구원을 얻는다."는 "이신칭의"의 교리입니다. 마르틴 루터가 말하는 "만인제사장설"의 본 의미는 그의 작품, 특별히 1520년에 쓴 그의 3대 논문에서 그대로 드러나는데, 『독일 기독교 귀족에게 보내는 글』, 『교회의 바벨론 포로 시대』, 『그리스도인의 자유』에 나타난 그의 주장을 요약하면 이렇습니다.

모든 사람이 다 차별 없이 하나님 앞에서 동일한 제사장이다. 그래서 모든 그리스도인은 스스로 기도할 수 있고 하나님께 나아갈 수 있다.

모든 그리스도인 남자는 제사장이며, 모든 그리스도인 여자도 여자 제사장이다. 젊으나 늙으나, 주인이나 종이나, 남종이든 여종이든, 유식하든 무식하든 아무 상관이 없이 이 점에는 전혀 차이가 없다.

교황, 감독, 사제 그리고 수도승만이 영적 지위에 속하고 왕과 영주와 농부 및 기능공은 세속적 지위에 속한다는 생각은 잘못된 생각이다. … 모든 그리스도인은 다 진정한 영적 지위를 확보하고 있다. 서로의 차이라면 직책의 차이일 뿐이다.

이것이 바로 마르틴 루터가 주장하고 있는 "만인제사장설"입니다. 이 개념 속에는 "가톨릭에서 강조하는 특별한 사제(a Catholic priest)의 중재(mediation)나 예전적 절차(liturgical process) 없이도 모든 사람이 직접 하나님과 자유롭게 교제할 수 있다."는 뜻이 담겨져 있습니다. 따라서 그의 이러한 선언 속에는 우리가 모두 예수 그리스도를 통하여 하나님께 자유롭게 나아갈 수 있는 왕 같은 제사장이라는 뜻이 이미 전제되어 있습니다. 이처럼 그는 모든 사람이 동등하게 하나님께 나아갈 수 있다는 "그리스도인의 자유와 권리"를 강조했고, 그것이 바로 "만인제사장설"이라는 신학 개념으로 정리된 것입니다.

그러나 세월이 흐름에 따라, 특별히 최근 21세기에 와서 마르틴 루터의 "만인제사장설"을 남용(abuse)하고 오용(misuse)하여 평신도 사역의 본래 뜻과는 거리가 먼 결과를 낳게 되는 경우를 종종 보게 됩니다. 결국 이러한 몰이해는 마르틴 루터도 원치 않았던 큰 비극을 몰고 왔는데, 바로 평신도와 성직자의 구분이 모호해졌다는 것이요, 그로 말미암아 평신도가 성직자의 고유 권한을 침범하는 결과를 낳게 됩니다.

이처럼 목회자와 평신도 사이의 구분이 희미해졌다는 것은 오늘날 평신도 사역이 가지고 있는 가장 큰 부작용 중에 하나입니다. 그래서 어떤 심한 경우는 평신도가 목회자의 전문 목회 영역까지 침범하며 목회자의 영적 권위를 인정하지 않는 경우가 발생하기도 합니다. 결국, 교회의 리더인 목회자를 도와주려는 목적에서 시작했던 평신도 사역이 결국에는 목회자의 고유 전문 영역까지 침범하는 최악의 결과를 낳게 되었습니다.

우선 "만인제사장설"을 주장했던 마르틴 루터 본인부터 이와 같은 것을 절대로 의도하지 않았습니다. 그는 "만인제사장설"을 주장하면서도 동시에 성직을 담당하는 목회자의 전문성을 인정하고 그를 위한 합법적인 소명과 교육 과정을 강조했습니다. 이러한 사실은 마르틴 루터가 남긴 증언만으로 충분히 입증됩니다.

그는 『교회의 바벨론 포로 시대』라는 소논문에서 한 특정 평신도가 회중 전체를 대표하기 위한 성직자의 역할을 하려면, 전 회중의 동의와 혹은 선임자의 부름에 의하여 특수 교역에 임해야 할 것을 주장했습니다. 그는 그 소논문을 통해 "그 어느 누구도 공동체의 동의나 선임자의 부름 없이 이 성직자의 고유 권한을 행사할 수 없다."라고 말했으며, 『그리스도인의 자유』라는 또 다른 소논문을 통해서도 "우리가 다같이 제사장이기는 하나 그렇다고 해서 우리 모두 다 공적으로 사역하거나 가르칠 수는 없다."라고 말하면서 훗날 만인제사장설이 오해되어 나쁘게 적용되는 것을 미연에 방지하는 듯한 주장을 한 바 있습니다.

물론 마르틴 루터는 확실히 모든 사람의 "만인제사장설"을 주장했습니다. 그러나 그렇다고 해서 그가 성직자로 부름 받은 직책에 대한 특별한 권위와 전문성까지 평신도에게 양보한 것은 아님이 분명합니다. 결국 그도 "만인제사장설"을 인정하면서 하나님께서는 특정한 사람을 특별히 부르셔서 성직자로 삼으시고 목회 사역을 맡기셨다는 목회의 전문 영역은 철저히 지켰던 것입니다.

만업성직자설(萬業聖職者說) - 21세기형 '만인제사장설'의 회복

여기서 우리는 "만인제사장설"을 주장했던 마르틴 루터의 본뜻을 식별해 낼 수 있어야 합니다. 그가 주장한 "만인제사장설"은 어디까지나 당시 16세기 가톨릭 사제의 중재를 거치지 않고 바로 하나님께 향할 수 있는 평신도 신앙의 자유와 권리를 회복하기 위한 "신학적 통로(channel)"였지, 성직자의 전문 권한까지 침범하도록 허용한 "신학적 도전(challenge)"이 아니었습니다. 이러한 면에서 "통로"와 "도전"은 엄격하게 구분되어야 합니다. 성직자의 "독점권"을 "개혁"하는 것과 성직자의 "전문 권한"을 "빼앗는 것"은 엄연히 서로 다른 문제입니다. 따라서 그가 "만인제사장설"을 주장하게 된 배경에는 성직자의 독점권을 개혁하려는 마음만 있었지, 성직자의 전문 권한까지 포기하거나 양보하려는 의도는 전혀 없었던 것입니다.

그래서 저는 개인적으로 마르틴 루터의 만인제사장설은 오늘날의 용어로 "만업성직자설"로 바꾸어 부를 수 있다고 생각합니다. "만업성직자설"은 "각 사람은 부르심을 받은 그 부르심 그대로 지내라(고전 7:20)."는 말씀과 같이 하나님 앞에서는 목회자로 안수 받은 사제뿐만 아니라 "모든 직업이 다 성직"이라는 뜻입니다.

마르틴 루터의 만인제사장설이 오늘날 오해되어 더는 부작용이 나지 않는 진정한 교리로서 제자리를 찾기 위해서는 이러한 그의 소명론적 관점에서 재해석되어야 합니다. 그가 만인제사장설을 통해 주장한 것은 어디까지나 사제만이 하나님의 귀한 성직이 아니라 이 세상을 살아가는 동안 우리가 부르심에 합당하게 부여받은 모든 직업과 생업이 성직이라는 점이었습니다. 모든 직업이 다 성직이라는 뜻이지, 모든 사람이 다 성직자인 목사가 되라는 말은 아니었습니다. 그러므로 만인제사장설에는 모든 사람은 직업의 귀천 없이 자신의 일을 성직으로 삼아 거룩하게 생활해야 한다는 뜻이 담겨 있습니다.

그런데 어느 때부터인가 한국 교회에는 이 강조점이 사라지고 오히려 성직자에 대한 도전만 남아 있는 듯한 느낌이 듭니다. 바로 여기에 오늘

은혜는 눈물이다

날 21세기의 "만인제사장설"을 16세기 때 본래의 것으로 다시 복원시켜야 할 이유가 있습니다. 16세기의 만인제사장설은 성직자들의 독점권으로부터의 탈피였으며, 평신도의 해방이었습니다. 그러나 오늘날 21세기의 만인제사장설은 성직자의 전문성을 인정하지 않는 평신도의 도발로 왜곡되는 경향이 있습니다. 이러한 현상을 한일장신대학교 전(前) 총장이었던 정장복 목사는 그의 책 『예배학 개론』(종로서적, 1985)을 통해 다음과 같이 설명했습니다.

> 예배의 집례자를 논하면서 다시 한번 종교개혁과 더불어 새롭게 등장한 만인사제론(만인제사장설_필자)을 언급하고자 한다. 그 까닭은 오늘의 평신도들이 이 교리를 그릇 이해하고 있는 것 같은 느낌을 받을 때가 많기 때문이다(60쪽).

> 마르틴 루터가 만인사제론을 외치면서 그 시대의 교직 계급을 비판하고 나섰을 때 열렬한 호응이 뒤따를 수밖에 없었던 것이다. … 그러나 이 만인사제론은 … 급진주의 개혁 종파들에 의하여 사제 무용론(無用論) 내지 사제 경시 현상을 나타내는 심각한 부작용을 가져오게 되었다(55쪽).

> 이 만인사제론은 우리의 대제사장 예수 그리스도처럼 하나님 앞에 나아가 이웃을 향하여 자신을 희생적 존재로 바치는 데 그 참뜻을 갖

는 것이다. … 결코 누구나 주일 예배를 집례할 수 있고 말씀을 선포
할 수 있다는 뜻은 아니라고 본다(61쪽).

확인한 바와 같이, 만인제사장설은 절대로 평신도가 성직자의 고유
전문 권한까지 침범할 수 있도록 허락하는 "평신도의 반란(the revolt of the
laymen)"이 아니며 모든 사람이 목사라는 "만인목사설"을 의미하는 것이
아니고, 똑똑한 평신도를 잘 훈련시켜서 목사급 평신도를 만들어 내기
위한 것도 아닙니다.

따라서 오늘날 마르틴 루터의 만인제사장설을 16세기 본래의 "만인제
사장설"로 바로 돌려 잡기 위한 새로운 대안이 시급히 요청됩니다. 종교
개혁 500주년을 넘어선 이때에 만인제사장설을 그 본래의 뜻으로 되돌
리는 움직임이 필요하게 된 것입니다. 약은 약사에게, 진료는 의사에게,
판결은 판사에게 하며 모든 분야에 있어 그 전문성을 인정하듯이 목회(성
례 집행과 설교)는 목사에게 그 전문성을 일임해야 합니다. 그리고 모든 사
람이 자신이 부여받은 생업과 삶의 자리가 성직임을 깨닫고 믿음과 행
동, 말과 실천이 함께 가는 신앙생활이 재현되어야 할 것입니다. 그래야
진정한 제2의 종교개혁이 일어날 것이며, 그때를 위해 우리는 계속해서
눈물로 기도해야 합니다. 은혜 없이 개혁이 일어날 수 없으며, 그 은혜는
눈물이기 때문입니다.

팔로워십(followership, 추종자론) - '만업성직자설'의 실천적 개념

1) 평신도 사역의 필요성과 부작용

그동안 한국 교회는 21세기를 이끌어 나갈 목회의 올바른 리더십 향상을 위하여 '목회자의 리더십(Pastoral Leadership)'에 깊은 관심을 가져왔습니다. 그리고 그러한 움직임은 목회자의 리더십에 있어 상당히 발전적인 영향력을 끼쳤으며 매우 긍정적인 성과를 보여 왔습니다. 당연히 이러한 상황 속에서 효과적인 목회 리더십은 오늘날의 목회자가 갖추어야 할 필수 조건이 되었고, 교회의 모든 관심은 목회자 한 사람에게 집중되었으며, 목회의 모든 성패는 오로지 리더인 목회자 한 사람에게 달려 있다는 생각이 한국 교회 안에 팽배해지게 되었습니다. 그래서 어떤 특정 교회를 말할 때 'OOO 목사 교회'라는 말이 어색하지 않을 정도입니다.

이러한 분위기 속에서 목회자는 당연히 자신의 리더십을 입증하기 위하여 동분서주하고 그야말로 분신쇄골(粉身灑骨)하며 목회에 죽도록 헌신해 왔습니다. 그러다 보니, 결국 이러한 목회자의 독무대(원맨쇼[one man-show])는 급기야 예상치 못했던 위험한 부작용을 가지고 왔는데 바로 목회자의 탈진입니다. 이러한 목회자의 탈진은 목회자의 영적 능력을 감퇴시키고 육체적 건강까지 해치는 원인이 되어 최악의 경우 목회자들의 급사를 부추기는 결과가 되고 있습니다.

그래서 이러한 부작용을 해소하기 위해 새롭게 부각된 또 다른 목회 사역 중 하나가 바로 '평신도 사역(Lay ministry)'입니다. 한마디로, 평신도 사역이란 바로 목회자 혼자만의 목회가 아닌 평신도와 같이 협력하는 동역 목회을 말합니다. 미국의 멜빈 스타인브론(Melvin J. Steinbron) 목사는 이 평신도 사역에 대하여 "이때까지 목회자에게만 집중되어 있던 목회를 평신도와 나누어서 같이 협력하는 목회로 그 패러다임을 바꾸는 것"이라고 설명했습니다. 그래서 언제부터인가 이 평신도 사역의 중요성을 깨닫기 시작한 한국 교회에서는 다시 서로 앞다투어 평신도 사역자양성에 몰두했으며 이것 또한 매우 긍정적인 성과를 거두고 있습니다.

하지만 이 평신도 사역 역시도 시간이 지남에 따라 적지 않은 부작용을 낳게 되었는데, 그중 대표적인 경우가 목회자와 평신도의 구분이 희미해졌다는 점입니다. 결국, 최악의 심한 경우 평신도가 목회자의 고유 목회 영역을 침해하며 목회자의 영적 리더십을 인정하지 않는 경우가 발생하게 된 경우도 많습니다.

왜 이런 일이 발생하게 되었을까? 저는 개인적으로 '평신도 사역'의 이러한 부작용의 원인이 '평신도 사역'을 향한 '실천적 개념(an operational concept)'이 없기 때문이라 생각합니다. 그리고 그 문제의 해결책으로 '팔로워십'을 '평신도 사역'을 위한 '실천적 개념'으로 내세웁니다.

2) 평신도 사역을 위한 실천적 개념이 왜 필요한가?

이런 질문을 던져 보고 싶습니다. "과연 한국 교회에 평신도 사역에 대한 실천적 개념이 있는가?" 이 질문에 대한 응답은 불행하게도 긍정적이지 못합니다. 일반적으로 교회의 모든 사역은 세 가지 조건이 맞아야 합니다. 첫째는 '성서적 근거(a biblical root)'이고, 둘째는 그 성서적 근거에 비추어 세워진 '신학적 기초(a theological foundation)'이며, 셋째는 성서적 근거와 신학적 기초에 의하여 형성된 '실천적 개념(an operational concept)'입니다. 여기서 실천적 개념이란 성서적으로나 신학적으로 입증된 교회 사역을 어떻게 현실 상황에 적용하는가를 제시해 줄 수 있는 실천적 안내 개념(a practical guideline)을 말합니다. 그러므로 평신도 사역자의 양육이 부작용 없이 제대로 이루어지려면 이 세 가지 조건이 마치 삼위일체의 신비처럼 서로 조화된 상태에 있어야 합니다.

그러나 오늘날 한국 교회의 평신도 사역은 셋째 조건인 실천적 개념이 부재한 상황입니다. 바로 여기에 문제가 있습니다. 일반적으로 평신도 사역에 대한 첫째 성서적 근거로는 "너희는 왕 같은 제사장(벧전 2:4-10)"이라는 말씀을 중심으로 잡아왔고, 둘째 신학적 기초로는 마르틴 루터의 '만인제사장설'이 거론되어 왔습니다. 그런데 안타깝게도 평신도 사역에 대한 셋째 '실천적인 개념'에 대해서는 확실하게 내놓은 답이 아직 없습니다. 설사 있다고 해도 그리 확실하지 못합니다. 이것은 이미 성서적으로나 신학적으로 정립되어 있는 평신도 사역을 실제 사역에 적용함에 있어 기준이 될 만한 개념이 없다는 것을 의미합니다.

이러한 안타까운 현실은 알게 모르게 평신도들이 목회자의 고유 영역을 침범하게 되는 결과를 낳았고, 이런 위험한 현상은 평신도 사역이 강조되면 될수록 점점 더 심해지는 추세입니다. 더욱더 문제가 되는 것은 이러한 일들이 그 문제점을 전혀 의식하지 못하고 왜 잘못되었는지도 모르는 상태에서 구태의연하게 이루어지고 있다는 점입니다. 몇 가지 예를 들어봅니다.

"만인대제사장설에 의해서 만인이 다 제사장인데 설교는 꼭 목사만 해야 하나? 특정 부분에 있어서는 내가 목사보다 더 잘 알고 더 잘한다!"

"모든 사람이 다 제사장인데 성찬식에 꼭 목사님이 있어야만 하는가? 목사님 없이 그냥 애찬식(愛餐食)으로 하면 되지 않는가?"

"안수는 목사님만 하는 것인가?"

"만인제사장설에 의거하여 목사나 장로나 집사나 다 똑같이 안수를 받아 임직되었으면 다 똑같은 직분이 아닌가?"

이와 같은 질문들은 실제로 평신도 사역을 주장하며 그 사역 현장에 직접 뛰어든 평신도 사역자들에게서 종종 나오는 질문이기도 합니다. 그러나 이러한 질문들은 평신도 사역을 현실에 적용함에 있어 그 사역의 성서적 근거와 신학적 기초를 잘못 이해하거나 오용하는 상황에서 나오는 것입니다. 일찍이 미국의 조지아 하크니스(Georgia Harkness) 교수는 "루터가 만인제사장설을 주장할 때, 평신도가 성직자들의 고유 권한까지 침해하도록 허락한 것은 절대 아니다."라고 했으며, 헨드릭 크래머(Hendrik Kraemer) 교수도 "만인제사장설은 어디까지나 사제(a Catholic priest)의 중재를 거치지 않고 바로 하나님께 향할 수 있는 그리스도인의 자유로운 신앙을 회복하기 위한 것"이라 했습니다. 엘튼 트루블러드(Elton Trueblood) 교수 또한 이러한 현상이 "평신도들의 반역"이라고 설명하며 "만인제사장설은 만인 복사설이 아니다!"라고 강조했습니다. 한국 교회의 건전한

은혜는 눈물이다

개혁을 말하는 김동호 목사 또한 "생사를 건 교회 개혁"이라는 책을 통해 이러한 목회 현장의 위기를 인식하고 한국 교회를 병원이 아닌 동네 약방에 비교하며 "한국 교회가 약방 수준의 교회가 된 데에는 '만인제사장설'에 대한 잘못된 이해가 아주 결정적인 해독(害毒)을 끼쳤다.… 목사의 전문성을 이해하지 못하고 잘못된 만인제사장설을 내세워 만인 목사설을 주장하면 교회는 약방 수준으로 전락하고 말 것이다."라고 경고한 바 있습니다. 이 모든 주장은 평신도 사역의 성경적 근거와 신학적 기초인 만인제사장설을 오용하여 목사의 고유 범위를 침범하는 일부 비성숙한 평신도들의 행위에 날카로운 정문일침(頂門一鍼)을 준 말들입니다.

그렇다면 왜 이런 이상한 현상들이 나타나게 되었을까요? 저는 개인적으로 이러한 현상의 근본 원인이 평신도 사역을 실제 사역 현장에 적용하는 데 있어 꼭 그 사역의 "실천적 개념"이 없다는 사실에 있다고 감히 주장합니다. 현재 한국 교회는 평신도 사역이 중요하다는 것을 깨닫고 있습니다. 그래서 그 사역의 성서적 근거(벧전 2:9)도 찾았고, 신학적 기초(만인제사장설)도 나름대로 세워 놓았습니다. 그런데 그 평신도 사역을 위한 '실천적 개념'은 매우 불확실한 상황입니다. 이로 인하여, 원치 않는 부작용까지 낳고 있습니다. 교회의 리더인 목회자의 탈진을 막고 그들을 도와주려는 목적에서 시작했던 평신도 사역이 이제는 결국 목회자의 고유 영역을 침해하는 최악의 결과를 낳게 되었습니다. 이것은 평신도 사역자들이 리더인 목사에게 협조하는 팔로워(follower)로서의 역할과 자리매김을 잘 못하고 있다는 것이며, 그 이유는 평신도 사역의 실천적 개념인 팔로워십에 대한 이해와 적용이 그들에게 부실하기 때문입니다. 바로 여기에 제가 평신도 사역의 '실천적 개념'으로 팔로워십(추종자론)을 주장하게 된 이유가 있습니다.

3) '팔로워십'이란 무엇일까요(what)?

아이라 찰프(Ira Chaleff)는 공동체란 두 명 이상의 사람이 어떠한 공통된 목적과 이유를 가지고 자신들의 삶과 운명을 나누는 모임이라고 정의하며, 이러한 모든 공동체에는 그 공통된 목적을 이루기 위하여 리더(a leader)와 팔로워(a follower)가 반드시 있게 된다고 설명했습니다. 그렇다면 이러한 공동체 속에서 발휘되는 팔로워십이란 대체 무엇일까요? 일반적으로 팔로워십은 리더십과 대비되는 개념으로 이해됩니다. 따라서 리더십의 정의에 대조되는 이해가 바로 팔로워십의 정의라고 생각하면 됩니다. 리더십이란 추종자들에게 끼치는 한 지도자의 영향력을 말합니다. 그렇다면 그 반대로 펠로우십이란 쉽게 리더에게 끼치는 추종자들의 영향력이라고 말할 수 있습니다. 더 정확하게 말하자면, 팔로워십은 리더를 따르는 사람들에게 있는 능력입니다. 그러나 그 능력은 절대로 리더를 대적하거나 리더를 곤란에 빠뜨리는 능력이 아닌 어디까지나 리더의 협조자로서의 능력입니다. 그러므로 팔로워십이란 리더가 진정한 리더십을 발휘할 수 있도록 협조하는 추종자의 영향력이라고 정의할 수 있습니다.

4) '팔로워십'이 왜 필요한 것일까요(why)?

(1) 팔로워십은 예수님의 가르침이기 때문입니다

팔로워십이 중요한 이유 중 가장 으뜸되며 절대적인 것은 바로 예수님께서 그것을 강조하고 직접 가르치셨다는 점입니다. 그럼에도 불구하고, 사실상 팔로워십이라는 단어는 우리에게 매우 생소하게 느껴집니다. 그러나 정말로 예수님은 리더십을 말하시기보다 팔로워십을 강조하셨습니다. 엄밀하게 분석한다면, 리더십은 일반 사회 개념이며 펠로우십은 지극히 성서적 개념입니다. 일반 사회에서는 리더를 긍정적으로 팔로워를 부정적으로 봅니다. 리더는 절대적 권한을 가진 승자로 이해되며 팔로워는 패배자로 인식되기 때문입니다. 그러나 성경에 나타난 예수님의 가르침에 입각해서 생각할 때 이는 정반대입니다. 성경에서 리더십은 부정적 방향으로 그려졌고, 팔로워십이 긍정적 방향으로 이해되었습니다. 러더십과 관계된 동사 '리드(lead)'라는 말은 헬라어로 '아고'인데 신약에 88번 사용되었으며 대부분 부정적인 내용을 언급할 때에 쓰였습니다. 특별히 사람과 죄의 관계를 설명할 때 쓰였습니다(시험에 들게 … 사망에 이르는 죄). 그러나 팔로워십과 관계된 동사 '폴로우(follow)'라는 말은 헬라어로 '아콜루스데오'인데, 신약에 약 188번이 사용되었고, 하나님과 사람 사이의 영적인 관계를 설명하는 긍정적 방향으로 쓰였습니다. 특별히 예수님은 '아고'라는 말보다 '아콜루스데오'라는 말을 더 많이 쓰셨습니다(나를 따라오라 … 그러면 사람 낚는 어부가 되게 하리라 … 십자가를 지고 나를 따르지 않으면). 예수님께서 제자들에게 처음 하신 말씀은 "Follow me", 즉 "나를 따라오라."는 것입니다. 나의 팔로워가 되라는 명령입니다. 여기에 팔로워십의 중요성이 있습니다. 팔로워십은 예수님께서 가르치신 그리스도인의 첫 개념입니다.

(2) 팔로워십 없이는 건강한 리더십이 발휘될 수 없기 때문입니다

리더십이 관심의 대상이 된 이후부터 리더십에 대한 아주 수준 높은 연구와 다양한 교육이 진행되어 왔습니다. 그런데 진정한 리더십을 갖춘 리더를 찾기가 참 힘듭니다. 리더십이라는 옷만 있고 정작 그 옷을 입을 리더가 없습니다. 이때까지 우리는 이러한 현상의 원인을 리더인 목사들에게만 돌렸습니다. 그러나 이제 그 시각을 바꾸어야 합니다. 리더가 리더십이라는 옷을 못 입는 책임은 리더에게만 있는 것이 아니라 팔로워들에게도 있기 때문입니다. 리더십이라는 옷을 리더에게 입혀 주는 진정한 팔로워가 없기 때문에 이러한 현상이 나타나는 것입니다. 리더가 자기 옷을 못 찾아 입는 것도 문제지만, 그 옷을 리더에게 입혀 주지 않는 팔로워들도 문제입니다. 그러므로 리더가 진정한 리더십을 발휘하려면 그 리더가 진정한 리더가 될 수 있도록 따라주는 팔로워가 있어야 합니다.

미국의 토마스 애치슨(Thomas A. Atchison)은 "리더를 진정한 리더로 만드는 것은 팔로워의 자세와 태도이다."라고 설파했고, 라투르(S. M. Latour)와 라스트(V. J. Rast)도 "진정한 역동적 팔로워십은 효과적인 리더십 창출을 위한 필수 전제 조건이다."라고 주장했습니다. 러시아의 문호

톨스토이는 그의 작품 『전쟁과 평화』를 통하여, 역사는 나폴레옹과 같은 한 영웅에 의하여 만들어지는 것이 아니라 민중에 의하여 이룩된다고 했습니다. 더 나아가 영웅적 리더는 추종자들의 움직임을 대표하는 얼굴마담일 뿐이라고 말했는데, 이것은 리더보다는 팔로워들의 존재가 더 중요하다는 점을 보여 주는 말입니다.

이 주장에 오해 없기 바랍니다. 지금 리더십을 버리자는 말이 아닙니다. 리더십과 함께 팔로워십이 강조되어야 합니다. 리더십과 팔로워십은 둘 다 동일하게 중요한 새의 두 날개이기 때문입니다. 사실상, 리더만큼이나 중요한 위치가 바로 팔로워입니다. 그런데 우리는 이때까지 리더십만 강조했지, 팔로워십에 대하여는 관심조차 없었습니다. 그러다 보니, 항상 리더인 목사만 움직이게 되고 팔로워들은 항상 제자리에 서 있었습니다. 그러니 아무리 뛰어난 리더가 와도 리더로서의 활동을 못합니다. 분명히 기억할 것은 세상을 바꾼 것은 리더입니다. 그러나 리더 혼자만 한 것은 절대 아닙니다. 거기에는 반드시 훌륭한 팔로워, 추종자들이 있었습니다.

한국 조직폭력배와 일본 조직폭력배 사이에는 큰 차이점이 있습니다. 한국 폭력 조직에서는 힘 있는 자가 항상 두목이 됩니다. 그래서 두목이 힘을 잃으면 바로 물러나야 합니다. 이에 따라, 두목의 자리가 자주 바뀌기도 하고, 세력이 쉽게 나누어지기도 합니다. 그러나 일본 폭력 조직에서는 그 반대로 두목에게 힘을 실어 줍니다. 그래서 일본에서는 환갑의 나이가 넘어도 조직의 원로로서 활동하며 그 세력이 나누어지지 않고 나름대로의 전통성을 가진다고 합니다. 한국 교회의 현상이 이것과 비슷합니다. 힘 있는 목사가 담임목사의 자리를 지킬 수 있습니다. 이 때문에 담임목사가 힘을 잃으면 바로 물러나야 합니다. 그러나 이제 담임목사에게 힘을 실어 주는 팔로워들의 위치도 강조해야 할 때가 되었습니다.

로마 제국을 위협했던 한니발 장군이 결국 전쟁에서 실패한 이유는 뒤에서 밀어주는 팔로워가 없기 때문이었으나, 중국의 시골뜨기였던 유방이 그 무서운 천하장사 항우를 무찌르고 중국 전체를 통일하여 한고조(漢高祖)가 될 수 있었던 것은 그를 보좌했던 명장 한신, 책략가 장량, 행정가 소하와 같은 팔로워가 있었기 때문입니다. 뿐만 아니라, 중국 한(漢)나라 말기 황실종친(皇室宗親)이라는 이유 하나만으로 이곳저곳에서 식객으로 지내던 유비(현덕)를 정말 유비되게 한 사람이 제갈공명이라는 팔로워 때문이라는 것도 잘 알려진 사실입니다. 바로 여기에 팔로워십이 중요한 이유가 있습니다. 팔로워십이 없이는 진정한 리더십을 기대할 수 없기 때문입니다.

(3) 팔로워십은 리더십의 필수 조건 중 하나이기 때문입니다

예수님께서 제자들에게 먼저 팔로워십을 강조한 이유는 그것이 먼저 되어야 언젠가 또 리더로서 자리매김을 할 수 있기 때문입니다. 예수님께서 제자들에게 준 명령은 두 가지였습니다. 그것은 "따르라(Follw me)!"와 "가라(Go to the world)!"입니다. 예수님이 제자들을 처음 만났을 때 자주 하신 말씀은 "나를 따르라!"였고, 후에 승천하시기 전에 제자들과 헤

은혜는 눈물이다

어지면서 하신 말씀은 "가르치라!", "전파하라!" "가라!"였습니다. 예수님은 이렇게 처음에는 '제자도(팔로워십)'를, 나중에는 '사도성(리더십)'을 강조하셨습니다. 예수님께서는 리더가 되기 위해서는 먼저 팔로워가 되어야 한다는 지극히 평범하면서도 매우 중요한 사실을 제자들에게 가르치신 셈입니다.

예를 들면, 예수님이 베드로를 처음 만났을 때 하셨던 말씀이 그에게 '게바'라는 이름을 주시며(요 1:42) 나를 따르라(막 1:17; 눅 51:11)였습니다. 이것은 베드로에게 제자로서의 팔로워십을 요구하신 것입니다. 그러나 십자가 사건과 부활 사건을 거치면서 예수님은 베드로에게 다음과 같이 말씀하셨습니다.

누가복음 22:32   너는 돌이킨 후에 네 형제를 굳게 하라

요한복음 21:16–17   내 양을 치라 … 내 양을 먹이라

이것은 베드로에게 사도로서의 리더십을 요구하신 말씀입니다. 이것은 팔로워십이 리더십의 근본 조건이라는 것을 너무나 잘 보여 주는 성경적 증거입니다.

분명 리더가 되기 위해서는 먼저 팔로워가 되어야 합니다. 그래서 많은 리더십 연구가는 이러한 형태의 리더 모습을 '섬기는 지도자(Servant leadership)'라고 정의하며, "위대한 리더는 먼저 종으로 나타난다(The great

leader is seen as servant first)."라고 말했습니다. 이것은 바로 예수님의 가르침
이셨으며, 바로 여기에 팔로워십이 중요한 이유가 있습니다.

5) '팔로워십'이 필요한 때는 언제일까요(when)?

팔로워십이 가장 필요한 때는 크게 두 가지 경우입니다. 첫째는 리더
가 리더십을 잘 발휘하지 못하는 위기 상황에 있을 때이며, 둘째는 리더
가 리더십을 잘 발휘하고 있을 때입니다. 첫째 경우는 리더가 처한 위기
를 잘 모면시켜 새롭게 재활할 수 있도록 돕는 난세웅신(難世雄臣)으로서
의 팔로워십이 발휘되어야 할 때이며, 둘째 경우는 리더가 더욱더 잘 할
수 있도록 힘을 북돋아 주는 주마가편(走馬加鞭)의 치세능신(峙世能臣)으로
서의 팔로워십이 발휘되어야 할 때입니다.

6) '팔로워십'은 어떻게 향상될 수 있나요(how)?

(1) 팔로워로서의 확실한 자기 정체성을 가져야 합니다

이것을 잊어버리면 큰 실수를 범하게 됩니다. 어디까지나 "나는 팔로
워이다."라는 확실한 자기 인식과 정체성이 있어야 합니다. 팔로워가 리
더의 위치와 권한으로 넘어간다면 그것은 이미 팔로워로서의 자격과 위
치를 상실한 상태입니다. 출애굽 때에 리더는 모세였지, 아론이나 미리
암이 아니었습니다. 그들은 어디까지나 리더인 모세를 돕는 팔로워였습
니다. 그런데 그들이 팔로워의 위치를 벗어나 리더의 위치에 서고 싶은

은혜는 눈물이다

마음에서 모세의 잘못을 지적했을 때, 하나님께서 그들을 징벌하셨음을 우리는 꼭 기억해야 합니다.

(2) 리더인 목사를 잘 파악해야 합니다

팔로워가 팔로워십을 잘 발휘하려면, 우선 자기가 따르는 리더의 신앙관, 신학관 그리고 개인적인 성격과 성향과 가치관 등을 잘 파악해야 합니다. 그리고 그 리더의 모든 부분을 잘 선용해야 하며, 그 리더의 개성을 잘 살려서 그 리더가 진정한 리더십을 마음껏 발휘할 수 있도록 도와야 합니다. 마태복음 25장에 나타난 달란트 비유에서 1달란트 받은 사람이 주인에게 책망을 받고 쫓겨난 이유 중 하나는 1달란트를 그냥 땅속에 묻어 두고 사용하지 않았기 때문입니다. 그렇다면 그 1달란트 받은 사람은 왜 그렇게 했을까요? 바로 자기 주인에 대한 오해와 잘못된 해석 때문입니다. 그는 자기 주인에 대하여 평가하면서 다음과 같이 말했습니다. "주인이여 당신은 굳은 사람이라 심지 않은 데서 거두고 헤치지 않은 데서 모으는 줄을 내가 알았으므로(마 25:24)" 그런데 성경 어디에도 그의 주인이 그런 사람이라는 내용은 없습니다. 오히려 그 주인은 다음과 같이 되묻습니다. "나는 심지 않은 데서 거두고 헤치지 않은 데서 모으는 줄로 네가 알았느냐 그러면 네가 마땅히 내 돈을 취리하는 자들에게나 맡겼다가 내가 돌아와서 내 원금과 이자를 받게 하였을 것이니라(마 25:26-27)." 이 비유에 나타나는 1달란트 받은 종은 주인을 자신의 잣대에서 함부로 판단하고 오해하여 팔로워로서의 역할을 잘 수행하지 못했으며 동시에 바깥 어두운 데로 내어 쫓겨 거기서 슬피 울게 되었습니다. 팔로워는 리더인 목사를 함부로 자신의 잣대로 판단해서는 안 되며, 그 리더인 목사의 리더십 체계를 잘 이해하고 적용할 수 있도록 도와야 합니다.

7) 만인제사장설 - 만업성작자설 - 팔로워십

지금까지 16세기 '만인제사장설'의 21세기형 발전 개념인 '만업성직자설'을 실천해야 하는 한국 교회 평신도 사역자들을 위한 실천적 개념으로 '팔로워십'에 대해 살펴봤습니다. 팔로워십이 무엇이며(what), 팔로워십이 왜 중요하고(why), 팔로워십이 가장 필요한 때는 언제이며(when), 팔로워십을 향상시키기 위해서는 어떻게 해야 하는지(how)에 대해 설명했습니다.

일찍이 미국 컨콜디아 신학대학원의 더글라스 러트(Douglas Rutt) 교수는 "무엇보다 가장 좋은 교회 공동체를 이루는 목회 사역은 목회자의 리더십과 성도들의 팔로워십이 가장 잘 조화가 된 것"이라고 강조했습니다. 그런데 이때까지 한국 교회는 리더십만 강조하고 팔로워십에 대해서는 리더십만큼 많은 관심과 애정을 보이지 못한 것이 사실입니다. 그래서 평신도와 목회자의 구분이 모호해지는 평신도 사역에 대한 부작용이 생겨났습니다. 이러한 부작용이 나타나게 된 원인은 평신도 사역에 대한 성서적 근거(벧전 2:9)와 신학적 기초(만인제사장설)는 잘 세워져 있지만, 그것을 현실 현장에 적용하기 위한 실천적 개념이 확실하지 못했기 때문이었습니다.

이 팔로워십에 대한 연구가 아직까지 리더십이라는 또 다른 실천적 개념이 누렸던 관심과 애정을 누리지 못하고 있지만, 아무쪼록 이러한 팔로워십에 대한 이해와 분석이 한국 교회의 평신도 사역과 양육을 지탱하고 있는 성서적 근거뿐만 아니라 신학적 기초와도 잘 어울려져 평신도 사역에 대한 적절한 실천적 개념으로 서서히 자리매김하기를 간절히 기대합니다. 이때까지 리더십이 목사들을 위한 실천적 개념으로 적용되어 왔다면 이제는 팔로워십이 모든 평신도 사역자의 실천적 개념이 되어야 할 차례입니다.

아무쪼록, 모든 평신도 사역자가 이 팔로워십을 현장에 적용하여 하나님께 영광이며, 모든 믿는 자에게는 은혜를 끼치는 성숙한 평신도 사역자들로 성장하기를 간절히 기도합니다. 그것이 바로 '에코이즘'과 '에코 신드롬'으로 신음하는 한국 교회에 "제2의 종교개혁"을 이루는 지름길이며 믿음으로 구원함을 얻는 '이신칭의'와 행함으로 그 믿음을 증명하는 '이행증신'을 함께 성취하는 길이기 때문입니다. 그러므로 이제부터라도 "제2의 종교개혁"을 원한다면, 우리가 이것을 놓고 울어야 합니다. 눈물을 흘리며 기도해야 합니다. 내 몸을 쳐서 복종시켜야 합니다. 은혜가 눈물이며, 그 은혜의 눈물이 회복되는 것이 우리 모두의 영혼 개혁이며, 교회 개혁이며, 종교개혁이기 때문입니다.

예수님의 눈물 · 나의 눈물 ·

은혜의 회복은 성장의 관점에서 볼 것이 아니라 어디까지나 부흥의 관점에서 봐야 하고 하나님의 은혜 앞에서 흘리는 뜨거운 눈물의 관점에서 봐야 합니다. 모든 신앙인은 성장에 목숨을 걸지말고 부흥에 목숨을 걸고 눈물에 목숨을 걸어야 합니다. 그래서그 부흥을 위해 우리는 간절히 울어야 합니다. 하나님 앞에 영혼의 무릎을 꿇고 간절히 눈물을 흘리는 그 순간, 그 자체가 바로부흥의 순간임을 알아야 합니다. 부흥을 원한다면 울어야 하고,지금이라도 울 수 있다면 이미 부흥이 시작된 것입니다. 은혜는눈물이기 때문입니다.

9장

남겨진 눈물 자국들

문전주현(門前主現) – 우리 문 앞에 주님이 나타나신다

중국의 유명한 역사가 사마천(司馬遷)이 쓴 『사기(史記)』의 "급정열전(汲鄭列傳)"에 나오는 이야기입니다.

중국 한나라 때, 하규현(下邽縣)에 살았던 '적공(翟公)'이라는 사람이 있었습니다. 당시 그는 형법 및 사법 관련 업무를 하는 정위(廷尉) 벼슬에 있었습니다. 그래서 그의 집에는 항상 손님이 인산인해(人山人海)를 이루었습니다. 늘 찾아와 인사하는 사람들이 있었기에 그 광경이 마치 좋은 물건을 구경하거나 구입하기 위한 시장 바닥과 같았다고 합니다. 한마디로 "문전성시(門前成市)"였던 것입니다.

그런데 어느 날, 그가 갑자기 그 벼슬을 잃게 되었습니다. 그랬더니, 그렇게 많이 찾아오던 손님이 모두 다 하나같이 언제 그랬냐는 듯이 등을 싹 돌리고 자취를 감추고 맙니다. 그 상황이 어느 정도였는지 하루가 다 지나도록 찾아오는 사람이 아무도 없어서 그 문 앞에 참새를 잡기 위한 그물을 칠 정도였습니다. 그래서 나온 말이 "문전작라(門前雀羅: 문 앞에 참새의 그물이 달려 있다.)"입니다.

그러다가 얼마 후에 그가 다시 그 벼슬 자리에 복직되었습니다. 그랬더니 이것이 웬일입니까? 그동안 그렇게 차갑게 등을 돌렸던 사람들이 뻔뻔스럽게도 다시 찾아옵니다. 상황이 다시 반전되었습니다! 얼마 전까지만 해도 "문전작라"였는데, 이제는 언제 그랬냐는 듯이 다시 옛날처럼 "문전성시"가 된 셈입니다. 그때 적공은 아무 말 없이 문을 굳게 닫아 걸고 그 어느 누구도 만나 주지 않으며, 대신 대문 앞에 다음과 같은 글을 써서 붙였습니다.

일사일생 즉지교정(一死一生 卽知交情)
일빈일부 즉지교태(一貧一富 卽知交態)
일귀일천 즉현교정(一貴一賤 卽見交情)

풀이하면, 한 번 죽을 지경까지 갔다가 다시 한 번 살아나 보니, 진정한 인간의 정이 어떤 것인지 알게 되었고, 한 번 가난했다가 또 한 번 부자가 되어 보니, 진정한 인간의 태도가 무엇인지 깨닫게 되었으며, 한 번 귀한 사람이 되었다가 한 번 천한 사람이 되어 보니, 진정한 인간의 정이 무엇인지 보았다는 뜻입니다. 적공은 이 문구를 통해 이렇게 외쳤던 것입니다.

은혜는 눈물이다

내가 사법권을 행사하는 자리에 있을 때, 그래서 나름대로 이 세상의 권력을 쥐고 있을 때, 날 찾아왔던 사람들! 날 따라왔던 사람들! 날 위한다던 사람들! 내 집을 자기 집처럼 드나들던 사람들이 있었다. 심지어 날 위해 자기 목숨을 바치겠다던 사람도 있었다. 그러나 그들 모두 다 거짓말하는 사람이요, 사기꾼이요, 기회주의자였다. 그들을 믿을 수 없었다. 그러나 내가 가난하게 되었을 때, 내가 추락했을 때, 내가 어렵게 되었을 때, 내가 힘이 없을 때, 그래서 내 옆에 아무도 없을 때, 그때도 변함없이 날 찾아왔던 사람들! 그래도 날 끝까지 따랐던 사람들! 그 사람이 진짜임을 알았다. 그 사람이 정말 신실하고 믿을 만한 사람임을 깨달았다. 지금 그 뻔뻔스러운 얼굴로 또다시 나를 찾아오는 너희들이여! 이 대문에 적힌 나의 글을 읽고 깨닫는 바 있으면 다 물러가라! 다시는 날 찾아오지 마라!

한번 생각해 봅시다. 진정한 친구는 어디에 있으며, 진정한 사랑은 어디에 있으며, 진정한 배우자가 어디 있으며, 진정한 삶의 동역자와 동반자는 어디에 있을까요? 그리고 그 사람은 어떤 사람일까요? 그 사람은 어려울 때, 힘들 때, 병들었을 때, 우리 옆에 아무도 없을 때, 그때에도 그 모든 상황에 관계없이 언제나, 항상, 변함없이 똑같은 모습과 동일한 관심으로 그 옆에 함께 있어 주는 사람입니다.

바로 여기서 우리를 향한 하나님의 '사랑(love)'과 우리를 향한 인간의 '관심(interest)'이 얼마나 다른지 알 수 있습니다. 사랑은 무조건적이지만,

관심은 조건적입니다. 하나님께서 사람을 찾을 때와 사람이 사람을 찾을 때는 분명한 차이가 있습니다. 사람들은 보통 그 사람이 잘 나갈 때 그 사람을 찾습니다. 그러나 그 사람이 어려워지면 언제 그랬냐는 듯이 고개를 돌리고 외면합니다. 그러나 하나님은 다릅니다. 우리 주변에 사람이 많고, 우리가 강할 때 찾아오시지 않습니다. 하나님의 방문은 매우 의외입니다. 하나님께서 우리를 찾아오시는 때는 우리가 힘없이 혼자 있을 때입니다. 우리 주변에 아무도 없을 때입니다. 더 정확히 말하면, 하나님께서 우리를 찾아오시는 때는 우리가 혼자서 눈물을 흘릴 때입니다.

그래서 제가 만든 문구가 있습니다. 사자성어로 '문전주현(門前主現)'입니다. 글자 그대로 풀이하면, 우리 문 앞에 주님께서 나타나셨다는 뜻입니다. 우리가 잘 나가고 풍성하고 힘이 있고 세상에서 큰소리 치며 살 때 우리는 '문전성시'를 경험합니다. 그러나 우리의 삶이 항상 그렇지는 않습니다. 가난해지고, 약해지고, 무너지고, 망해서 아무도 우리를 찾아오지 않는 '문전작라'의 때도 있습니다. 그때서야 비로소 우리는 눈물을 흘립니다. 그때 흘리는 눈물은 아마도 원통함의 피눈물일 것입니다. 바로 그 순간 찾아오시는 분이 있는데, 바로 우리 주님이십니다. 우리가 혼자서 눈물을 흘리는 그 순간 예수님께서 우리 문 앞에 나타나십니다. 그리고 우리의 그 원통한 피눈물을 예수님의 십자가 위에서 흘리신 그 피묻은 손으로 닦아 주십니다. 그 순간 우리는 은혜를 경험하게 됩니다. 그리고 또 눈물을 흘리게 됩니다. 그러나 이때의 눈물은 다른 눈물입니다. 이때 흘리는 눈물은 원통함의 눈물이 아니라, 애통함의 눈물입니다. 전날

은혜는 눈물이다

의 한숨이 변하여 내 노래가 되면, 전날의 두려움이 변하여 내 찬양이 될 때 나오는 눈물입니다. 그래서 우리는 울어야 합니다. 은혜는 눈물이기 때문입니다.

아담의 부인 하와의 눈물 - 『실낙원』

존 밀턴(John Milton)이 쓴 대서사시 『실낙원(The Lost Paradise)』 제5장 125절 이후의 구절을 보면 인류 최초의 사람인 아담의 부인 하와가 눈물을 흘리는 장면이 나옵니다. 이 장면은 아담과 하와가 선악과를 따 먹은 후 자신들의 죄를 돌아보며 흘린 눈물입니다. 그래서 이 눈물은 인류 최초로 인간이 흘린 눈물이며, 그것도 여자가 흘린 눈물로서 원통과 애통 그리고 후회와 아픔이 뒤섞여 나오는 복잡한 눈물입니다. 이 장면을 존 밀턴은 다음과 같이 묘사했습니다.

> 아담이 하와를 위로하자 그의 아름다운 아내는 기운을 차렸으나 두 눈에서 눈물방울이 조용히 굴러 떨어졌다. 하와는 머리털로 그것을 닦는다. 다시 한 방울씩 '수정수문(水晶水門: 수정 같이 맑은 하와의 두 눈동자)'에 고인 귀한 눈물이 채 떨어지기도 전에 아담이 거기에 입을 맞춘다. 눈물은 죄를 지었을지도 모른다는 두려움과 회한과 경건한 경외의 아름다운 표시다. 이런 말로 서로의 슬픔을 달래고 그들은 서

둘러 들로 나간다.

여기서 중요한 표현은 "눈물은 죄를 지었을지도 모른다는 두려움과 회한과 경건한 경외의 아름다운 표시다."라는 고백입니다. 이것은 하와의 눈물이 담고 있는 심오한 의미를 나타냅니다. 존 밀턴은 이 표현을 통해 하와의 눈물이 나타내고 있는 죄악의 심각성과 그와 반대되는 죄 사함의 놀라움을 동시에 표현하고 있습니다.

그의 묘사에 따르면, 하와가 이 눈물을 흘린 첫째 이유는 두려움입니다. 하와가 흘린 눈물은 자신이 죄를 지었을지도 모른다는 두려움에서 흘러나온 눈물입니다. 둘째 이유는 하나님의 은혜입니다. 그렇게 죄를 지었음에도 불구하고 하나님께로 향하는 경건한 경외의 마음을 잃지 않으려 노력하는 아름다운 영혼이 아직도 자신에게 미력하나마 남아 있음을 깨닫고 그것에 감사하는 눈물이 바로 하와가 흘린 눈물입니다. "죄가 더한 곳에 은혜가 더욱 넘쳤나니(롬 5:20)"라는 말씀은 죄가 더한 곳에 눈물이 있다는 뜻이요, 그 눈물로 말미암아 그 죄를 용서 받기 위한 회개의 기회를 얻을 수 있다는 뜻을 담고 있습니다.

눈에는 흐르는 눈물! 영혼에는 넘치는 기쁨!

저는 개인적으로 이 하와의 눈물을 생각할 때마다 제 아내의 눈물이 생각납니다. 그러나 제 아내의 눈물은 하와의 눈물과 질적으로 다른 눈물이었습니다. 하와의 눈물은 죄 때문에 흘린 피눈물이었으나, 제 아내의 눈물은 깊은 연단의 시간 뒤에 허락된 하나님의 만지심에 감동한 은혜의 눈물이었기 때문입니다.

제 아내는 꽃다운 어린 나이에 자기보다 나이 많고 가난한 목사에게 시집왔습니다. 그래서 시집온 이후로 전에 겪지 않았던, 또 예상하지도 않았던 많은 고생을 해야 했습니다. 그중에서 제 아내를 가장 슬프게 한 일이 하나 있었습니다. 바로 첫 아이의 유산이었습니다. 제 아내는 2005년 5월에 한국에서 저와 결혼하고 저를 따라 바로 미국으로 갔습니다. 그리고 2006년 6월 초순에 첫 임신을 했습니다. 그런데 몇 번 배가 아프다고 하더니, 급기야 여름수련회를 다녀온 2006년 8월 7일 오후, 갑자기 화장실에서 하혈을 했습니다. 그리고 바로 그 다음 날인 8월 8일 오후, 어려운 수속 과정을 거치고 찾아간 병원에서 첫 아이가 유산되었음을 확인 받았습니다. 그때 제 마음에 드는 생각 한 가지, "이 아이는 내가 죽였구나!"였습니다. 그래서 저는 그날 의사와 아내 앞에서 엄청나게 울었습니다. 제가 우는 모습에 놀란 아내는 놀라서 정작 울지도 못했습니다. 나중에 집에 돌아와서 울었습니다.

물론 유산이란 여자라면 어쩌다 경험할 수 있는 평범한 일일지도 모릅니다. 그러나 그것이 누구에게나 있을 수 있는 평범한 일일지라도 정작 그 일을 당한 사람에게는 평생의 아픔과 상처가 될 수도 있다는 사실을 저는 그때서야 깨달았습니다. "어쩌다가 그렇게 되었냐?", "몸이 너무

약해서 그런 것은 아니냐?", "진작 왜 병원에 가지 않았냐?" 등등. 마치 무슨 궁금증을 해결하려는 듯이 질문해 오는 사람보다 차라리 아무 말하지 않고 멀리서 동정의 눈빛으로 가만히 기도해 주는 사람의 모습이 저희 부부에게 더 큰 위로로 다가왔습니다.

저는 한국으로부터 특별한 경제적 지원 약속을 받은 것도 없이 그냥 홀몸으로 유학왔던 가난한 목사였습니다. 그래서 비록 하나님의 은혜로 뒤늦게 결혼은 했지만, 죽은 태아를 자궁에서 끌어내는 소파수술을 시킬 돈이 없었습니다. 더욱이 유학생 아내의 신분이었던 아내에게는 보험 또한 없었습니다. 그렇다고 해서, 아내가 그 몸으로 비행기를 타고 다시 한국으로 간다는 것은 그야말로 위험한 일이었습니다. 더욱더 열악했던 것은 제가 공부하던 지역은 한국 사람이 300명 정도 살고 있는 지역이라 한인 단체는 단 하나도 없었습니다. 그래서 저는 미국의 여러 복지 단체와 복지 기관에 협력을 요구했으나, 미국 시민이 아니라는 이유로, 관련 예산이 다 떨어졌다는 이유로, 소파수술은 해당 사항이 없다는 이유로 매번 거절당했습니다. 미국에는 유학생들을 위한 복지 프로그램도 많이 있고, 그래서 그 혜택을 본 사람도 많다고 들었는데, 그것이 왜 그렇게 저희 부부에게는 허락이 안 되었는지 참 억울했습니다.

결국, 저희 부부의 모습을 딱하게 본 백인 담당 의사는 저에게 약물 투여 방법으로 소파수술을 대신하라고 권유했습니다. 보통 미국 백인 여자들도 그 방법을 많이 사용하는데, 효과는 거의 100%에 가깝다고 했습니다. 결국 저희 부부는 그 방법을 선택하고 의사에게서 약을 구입할 처방전을 받았습니다.

저는 아내를 아파트 침대 위에 눕혀 놓고, 그 약을 사러 가면서 얼마나 또 울었는지 모릅니다. 백인 여자 약사에게 상황을 설명하고 약을 주문하면서도 말을 이어가지 못할 정도로 많이 울었습니다. 물론 그것은 통곡이 아니었습니다. 그것은 가슴 속에 뭉쳐 있던 저의 피눈물이 제 눈을 비집고 흘러나오는 통곡보다 더 처절한 흐느낌이었습니다. 그 약사는 나에게 약을 건네주며 저를 딱하게 여겨 제 어깨를 감싸고 한 번 안아 주었습니다.

제 아내는 그렇게 약을 먹었습니다. 일주일 동안 먹었습니다. 그런데 그 약이 얼마나 독하고 강한지 아내는 무척 고생했습니다. 그때서야 우리는 약국에서 그 약을 줄 때, 왜 그렇게 많은 진통제를 함께 주었는지 깨달을 수 있었습니다. 진통제를 먹어도 아내는 아팠습니다. 준비되지 않아 무능한 남편 옆에서 부모와 떨어진 상태로 이때 혼자서 경험한 아내의 정신적, 육체적 충격은 저의 짧은 글 재주로는 도무지 다 설명할 수 없는 것이었습니다.

그런데 제 마음을 더 아프게 한 일이 있었습니다. 제가 살고 있던 아파트 옆에 혼자 살고 있는 백인 할머니가 있었습니다. 그 할머니에게는 애완용 개가 한 마리 있었는데, 그 개는 외로운 할머니에게 좋은 친구였습니다. 하루는 제가 아침에 운동하다가 그 개와 함께 산책 나온 할머니와 마주쳤습니다. 그 할머니는 제가 목사인 줄 알고 있었습니다. 그래서 저에게 기도를 부탁했습니다. 그런데 그날 아침에는 약간 이해하기 힘든 기도 부탁을 했습니다. 자기가 기르는 개를 위해 기도해 달라는 것입니다. 개가 암(癌)에 걸렸답니다. 그래서 곧 수술을 해야 하는데, 수술이 잘될 수 있도록 기도해 달라는 것입니다. 개를 위해 기도해 달라는 것도 저에게는 충격이었지만, 더 충격이었던 것은 할머니의 개는 보험이 있어서 수술비가 면제된다는 말이었습니다. 그때 저는 이런 생각을 했습니다. '개도 보험이 있는데, 사랑하는 아내는 보험이 없어서 결국 이런 고생을 하는구나.' 그때 남편 된 자로서 아내에게 얼마나 부끄럽고 나 스스로가 무능해 보였는지 모릅니다. 그 아침에 벤치에 앉아서 남몰래 한참 울다가 겨우 눈물을 닦고 집에 들어가 아내를 간호했습니다.

그 사건 이후, 이런 저런 일로 여러 날 좌절하고, 슬퍼하고, 눈물을 흘리다가 어느 날 갑자기 문득 제 뇌리에 떠오르는 생각이 있었습니다. 물론 그것은 분명히 하나님이 주신 감동이었습니다. "이러지 말고, 하나님의 약속인 말씀을 붙들어야겠다!" 왜 제가 그때 갑자기 그런 생각을 하게 되었는지 그것은 하나님만 아십니다. 그리고 제가 왜 진작부터 그런 생각을 하지 않았는지에 대해서도 하나님만 아십니다. 저는 그때까지 목사로서 설교하면서 어려운 때일수록 말씀을 붙들며 살아가자는 말을 많이 했습니다. 그러면서도 정작 나 스스로 그렇게 하지 않는 모습을 그때서야 다시 발견하게 된 것입니다.

그 이후로 우리 부부는 걱정하기보다는, 좌절하기보다는, 슬퍼하기보다는 차라리 성경을 묵상하며 하나님 앞에 기도하기로 결심했습니다. 이 일을 통하여 저희 부부에게 주시고자 하시는 하나님의 뜻이 무엇인지 찾

\
은혜는 **눈물이다**

아내고 싶었습니다. 그리고 치유받고 싶었습니다. 그래서 성경을 다시 펴 들고 창세기 처음부터 묵상하기 시작했습니다. 그런데 그 해답은 너무나 빨리 찾아왔습니다. 그때 하나님께서 주신 말씀입니다.

> 창세기 4:25-26 아담이 다시 자기 아내와 동침하매 그가 아들을 낳아 그의 이름을 셋이라 하였으니 이는 하나님이 내게 가인이 죽인 아벨 대신에 다른 씨를 주셨다 함이며 셋도 아들을 낳고 그의 이름을 에노스라 하였으며 그때에 사람들이 비로소 여호와의 이름을 불렀더라

바로 아담의 성경 기록상 셋째 아들 "셋"이었던 것입니다. 사랑하고 믿었던 두 아들 가인과 아벨을 동시에 잃고 난 뒤, 좌절해 있는 아담과 하와에게 하나님께서 다시금 허락하셨던 다른 씨, "셋"! 바로 그 "셋"이 저에게 주신 하나님의 응답이었습니다. 이 말씀은 이미 뜻하지 않은 유산으로 한 번 실패한 저희 부부에게 미래에 다시 "셋"과 같은 새로운 자녀를 허락하시겠다는 위로의 말씀으로 들려왔습니다. 그것은 바로 하나님의 음성이었습니다. 이 말씀을 통하여 저와 아내에게 주는 하나님의 분명한 응답이었습니다.

> 보아라! 아담과 하와도 실패했었다. 그래서 하루아침에 두 아들을 모두 잃었다. 그러나 하나님께서 그들을 불쌍히 여기사 그들에게 다시 "셋"을 허락하셨다. 마찬가지로 하나님께서는 첫 임신에 실패한 우

리 부부를 위해서도 동일한 은혜를 베풀어 주실 것이다. 새로운 씨! 새로운 생명! 새로운 기회를 다시금 허락해 주실 것이다. 그리고 우리가 앞으로 낳게 될 미래의 그 자녀를 통하여 새로운 구원의 역사를 이루어 주실 것이다! 그리고 우리에게 새로운 예배의 감격과 회복을 이루어 주실 것이다.

이때 이후로 저는 아담의 셋째 아들 '셋'에 대해 연구하며 묵상하기 시작했고, 그 결과 '셋'은 아벨의 죽음으로 끊어진 약속의 메시아 혈통과 예배의 계보를 다시 이어 주는 최초의 예배 회복자였음을 깨닫게 되었습니다. 더 나아가 그가 '믿음의 조상(祖上, forefather)' 아브라함을 있게 한 '믿음의 시조(始祖, the originator)'임을 확인하게 되었습니다. 마치 그것을 증명하듯, 우리는 누가복음에 나온 예수님의 족보에 '셋'의 이름이 나오며 그를 통해 구세주 메시아의 탄생 혈통이 시작되었음을 알 수 있습니다(눅 3:8). 이러한 연구와 묵상 결과를 토대로 저는 지난 2014년에 한 권의 책을 출판했는데, 바로 『추적! 예배자 셋(Set)』(예영커뮤니케이션)입니다.

이때 저희 부부는 하나님께서 허락하신 창세기 4장 25-26절의 그 말씀을 그대로 믿었고, 그 후 세월이 흘러 아내는 다시 임신했습니다. 그러나 아내가 임신하기까지는 오랜 시간이 걸려야 했습니다. 그렇게 쉽게 금방 임신이 되지 않았습니다. 이로 인해, 저희 부부는 다시 우울해졌고 좌절감에 빠졌습니다. 그러다가 아내는 2008년 5월 29일, 목요일 오후에 자신이 임신했음을 알았습니다.

아내가 임신 테스트기를 통하여 드디어 임신했음을 아는 그 순간 아내의 눈에는 변화가 있었습니다. 그 변화는 바로 눈물이었습니다. 그 눈물은 아내의 눈에 조용히 고이는 눈물이었고, 살며시 흐르는 가냘픈 눈물이었습니다. 나는 이때를 회상할 때마다 아내가 한 말을 또렷이 기억합니다. "나는 사람이 기뻐서 눈물 흘린다는 사실을 처음으로 경험했다!" 정말 그랬습니다. 그때 아내는 처음으로 사람이 기뻐서 흘리는 눈물을 경험한 것입니다. 그래서 그 눈물은 은혜였습니다. 그래서 그 눈물은 기쁨의 눈물이었고, 그래서 그 눈물은 환희의 눈물이었고, 그래서 그 눈물은 감사의 눈물이었습니다. 첫 아이 유산이라는 큰 아픔 뒤에 저희 부부가 기도하며 기다리며 기대해 온 극적인 임신 소식이었기에 그 기쁨과 환희가 더 컸던 것입니다. 그때 비록 아내의 눈에서는 눈물이 흘렀으나 아내의 영혼 속에서는 말로 표현할 수 없는 기쁨이 있었던 것입니다. 그 기쁨과 환희의 순간이 너무나 벅찼기 때문에 눈물 외에 다른 것으로 표현할 수 없는 은혜의 눈물이 흘렀던 것입니다.

우리는 기뻐도 눈물을 흘리고, 슬퍼도 눈물을 흘립니다. 원통해도 눈물을 흘리고, 통쾌해도 눈물을 흘립니다. 그만큼 우리 인간에게 주어진 감정의 극과 극에는 눈물이 있습니다. 이것은 영적인 생활에서도 마찬가지요, 신앙생활에서도 마찬가지입니다. 죄 때문에 흘리는 피눈물이 회개로 인해 흘리는 참회의 눈물로 변하는 것이 그렇고, 억울하고 원통해서 흘렸던 눈물이 변하여 애통함의 눈물이 되는 것도 그렇고, 지옥으로 끌려가며 흘리던 두려움의 눈물이 변하여 천국으로 그 행보가 바뀌어 찬양의 눈물이 되는 것도 똑같은 이치입니다. 중요한 것은 눈물이 있는 곳에 은혜가 있다는 사실입니다. 은혜가 말랐다면, 그것은 눈물이 마르는 현상으로 나타나고, 눈물이 마르는 현상은 그곳에 은혜가 말랐다는 증거입니다. 그러므로 우리는 울어야 합니다. 다시 울어야 합니다. 다시금 빈손 들고 주님 앞에서 십자가를 붙들고 울어야 합니다. 우리 영혼에 기쁨이 가득하기 위해 우리 눈에서는 눈물이 흘러야 하고, 우리 영혼에 환희가 충만하기 위해 우리 눈에서는 눈물이 흘러야 합니다. 은혜는 눈물이기 때문입니다.

그리스도인의 신앙병법(信仰兵法)

저는 개인적으로 탄탄한 기독교 신앙의 가정에서 태어나서 이때까지 자라왔습니다. 그것이 저에게는 너무나도 귀한 하나님의 은혜입니다. 김홍신 증조부께서는 지역 교회의 조사(助事)이셨고, 김병국 조부께서는 장로였으며, 현재 저의 부친은 목사이십니다.

그래서 저는 개인적으로 어릴 때부터 부친께서 목회하시는 교회에서 아버님의 설교를 매주 듣고 자라왔습니다. 그리고 나중에 저도 교회 사역을 하게 되면서 결국 아버님 교회를 떠나게 되었는데, 그래도 항상 토요일 저녁이면 저희는 부자지간에 마주 앉아서 그 다음날 서로 전하게 될 주일 설교에 대하여 같이 묵상하며 이야기를 나누었습니다.

그래서 항상 특별한 일이 없는 한 토요일 저녁은 제가 아버지와 함께 서로의 설교에 대하여 같이 묵상하고 토론하는 시간이었습니다. 그때는 잘 몰랐는데, 자꾸 시간이 지나면 지날수록, 그때의 그 순간들이 현재 저에게 "큰 영적 자산(a great spiritual heritage)"으로 남는 것을 깊이 느낍니다. 그래서 저는 어디 가든지 "부모님이 나에게 돈은 못 남겨 주시지만, 돈 주고도 살 수 없는 말씀의 보화를 물려주셨다."라고 자신 있게 이야기합니다.

그 과정 속에서 제가 아버지에게 들은 설교들 중에 평생 잊지 못하는 설교가 몇 편 있습니다. 그중에 한 편을 소개하려 합니다.

한번은 아버님이 서로 분쟁하며 싸우고 있는 교회에 가서 주일 저녁 설교를 하신 적이 있었습니다. 그때 저는 아버님과 함께 그 교회에 갔습니다. 한편으로 이러한 교회에서 어떻게 설교하시는가 보고 싶었고, 동시에 예기치 않게 발생할 수 있는 만약의 사태(?)를 대비하기 위함이었습니다.

아버지와 함께 도착한 교회는 그야말로 살기가 등등해서 곧 무슨 전쟁이라도 일어날 것 같은 살벌한 분위기가 느껴지고 있었습니다. 그때 저는 참 조마조마했습니다.

"아버님이 과연 무슨 설교를 어떻게 하실까?"

그런데 그런 저의 고민은 헛된 고민이었습니다. 아버님은 그날 정말 하나님이 허락하신 말씀을 짧고 굵게 전하고 단상을 내려 오셨습니다. 그때 아버님 설교 제목은 "이겨야 이기는 싸움 vs 져야 이기는 싸움"이었습니다. 설교를 요약하자면 다음과 같습니다.

싸움에는 두 가지가 있습니다. 이겨야 이기는 싸움과 져야 이기는 싸움입니다. 어느 것이 성서적인 싸움입니까? 둘 다 성서적인 싸움입니다. 성경은 둘 다 계시하고 있습니다. 그럼 어떤 것이 이겨야 이기는 싸움이고, 어떤 것이 져야 이기는 싸움입니까? 그것을 결정하는 기준은 싸움의 대상이 누구이며, 그 싸움의 목적과 의도가 무엇인지에 따라 달라집니다.

다윗과 골리앗의 싸움을 봅시다. 엘리야와 바알 선지자들의 갈멜산 전투를 봅시다. 우리와 마귀의 싸움을 봅시다. 이것은 어떤 싸움입니까? 이것은 이겨야 이기는 싸움입니다. 절대로 져서는 안 됩니다. 그리고 질 수도 없습니다. 이기게끔 되어 있습니다. 그런데 다윗과 사울의 싸움은 어떤가요? 이것은 져야 이기는 싸움입니다. 두 사람 모두 하나님의 기름 부음을 받은 왕입니다. 그런데 사울은 그런 것을 상관하지 않고 무조건 다윗을 죽이려 했고, 다윗은 기름 부음 받은 종을 함부로 죽일 수 없다 하여, 죽일 기회가 있었음에도 그를 죽이지 않았습니다. 결국 누가 이겼습니까? 다윗이 이겼습니다. 누가복음 15장의 탕자와 아버지의 싸움은 어떤 싸움입니까? 이것 역시 져야 이기는 싸움입니다. 그렇다면 우리 예수님의 싸움은 어떤 싸움이었습니까? 그것 역시 져야 이기는 싸움이었습니다. 예수님은 처음에 십자가에서 죽으셨기에 진 것처럼 보였습니다. 그러나 그렇게 졌기 때문에 부활의 승리를 얻으신 것이 아닙니까?

성경은 이겨야 이기는 싸움 그리고 져야 이기는 싸움 두 가지를 모두 다 계시하고 있습니다. 그러므로 우리 싸움의 대상과 그 목적이 무엇인지를 잘 구분하고 이겨야 할 때 이기고, 져야 할 때 져야 하는 것입니다. 그런데 문제는 우리가 어느 싸움에만 익숙해 있느냐 하는 것입니다. 과연 현재 우리는 어느 싸움에 익숙해져 있습니까?

"과연 현재 우리는 어느 싸움에 익숙해져 있습니까?" 아버님은 이와 같은 질문을 마지막으로 설교를 마치셨습니다. 이 질문에 대한 대답을 직접 주시지 않고 그냥 설교를 바로 마치셨습니다. 나중에 집으로 돌아가며 저는 아버님에게 질문을 던지고 답을 하지 않으신 그 이유에 대하여 여쭈어보았습니다. 그때 아버님은 다음과 같이 대답하셨습니다.

"내가 직접 답을 안 줘도 그 자리에 있던 사람 중에 그 어느 누가 그 해답을 모르겠냐? 우리 모두 스스로 생각해야 되는 질문이라 그냥 질문만 던지고 끝냈다."

저는 그날 아버지의 설교 말씀을 들으면서 아버지가 참 자랑스러웠습니다.

사도 바울도 이 두 가지 싸움을 했던 사람입니다. 사도 바울은 처음에 이겨야 이기는 줄만 알았던 사람입니다. 그래서 그는 그리스도인이 되기 전부터 아예 그리스도인을 죽이기 위하여 앞장섰던 사람입니다. 아무리 밉다고 해서 꼭 그렇게까지 사명감을 가지고 할 필요가 있었을까 싶을 정도로 그는 그리스도인들을 집요하게 박해했습니다. 급기야 그는 대제사장에게 허가장까지 받아 이제는 공식적으로 대놓고 아예 그리스도인들을 박해하려던 사람이었습니다(행 9:1-2).

누가 바울에게 그렇게 하라고 시키지도 않았습니다. 심지어 그 당시 바울의 스승 가말리엘(Gamaliel)까지 그냥 그들을 내버려 두고 나중에 판단하자고 했었습니다(행 5:34, 22:3). 그런데 바울은 스승의 조언까지 무시하고 그리스도인들을 그냥 두고 보지 못하는 지독한 사람이었습니다. 끝까지 그리스도인들의 씨를 말려야 한다는 것입니다. 바로 이겨야 이기는 싸움만 하는 사람이었습니다.

그러다가 어찌되었습니까? 결국 다메섹 언덕에서 예수님께 "혼쭐"이 났습니다. 결국 그 뒤로 그가 변했는데, 이것이 또 인상적입니다. 바울은 진보되자마자, 또 언제 그랬나는 듯이 자신이 박해하던 예수님을 바로 전파하기 시작합니다. 어떻게 보면 금방 웃다가 우는 사람 같기도 하고, 금방 울다가 또 웃는 사람 같기도 합니다. 그래서 한편으로는 그 당시 바울은 완전 좌충우돌, 천방지축으로 이리저리 날뛰는 사람처럼 생각되기도 합니다.

그리스도인이 되기 전, 그가 가지고 있었던 이러한 그의 기질과 성격은 그리스도인이 된 후에도 그대로 나타납니다. 다만 그 방향이 예전과는 달리 "박해"에서 "전파"로 바뀌었을 뿐입니다. 그러나 그랬던 그가 나중에 신앙 속에서 달라지지 않습니까? "이겨야 이기는 싸움"에만 익숙했던 그가 나중에는 예수 그리스도의 삶을 묵상하는 가운데 결국 "져야 이

은혜는 **눈물이다**

기는 싸움"도 있다는 것을 깨닫게 된 것입니다. 그리고 그것을 몸소 실천하고 있는 것입니다.

이것이 바로 하나님께서 바울을 통하여 오늘날 우리에게 보여 주는 신앙의 성숙입니다. "이겨야 이기는 싸움"과 "져야 이기는 싸움"은 둘 다 성경적인 싸움이지만, 우리는 그동안 "이겨야 이기는 싸움"에만 익숙해져 있는 것입니다. 이제 하나님께서는 바울의 모습을 통하여 우리들에게 "져야 이기는 싸움"에 대하여 배우기를 권면하고 계십니다.

두 노인의 눈물 - 전국시대 인상여와 염파

중국 춘추전국시대(春秋戰國時代)의 역사를 재미있게 그려 놓은 『열국지(列國志)』에 나오는 이야기 중에 전국시대 때 있었던 사건입니다. 이때는 모두 7개 나라들이 서로 천하의 패권을 다투고 있을 때였습니다. 그중에서 가장 강성한 나라가 훗날 전국시대를 천하통일하고 진시황제(秦始皇帝)를 배출한 진나라였습니다. 그리고 가장 영토가 작고 볼품없는 나라가 바로 조(趙)나라였습니다.

그런데 이상한 것은 진나라의 소양왕(昭襄王)이 여러 번 조나라를 치려 해도 먹혀들지 않습니다. 그 당시 조나라에 훌륭한 신하 두 사람이 있었기 때문입니다. 한 사람은 문신인 "인상여"라는 학자이고, 다른 한 사람은 무신인 "염파" 장군입니다. 나라 안으로 문제가 생기면 인상여가 다 알아서 처리하고, 나라 밖으로 문제가 생기면 호랑이 같은 장수 염파 장군이 군사만 이끌고 나가 백전백승하니 제 아무리 진나라인들 그 조그만 조나라를 공격하지 못하는 것입니다.

이러던 와중에 그 당시 누구나 탐내던 보물 중 하나인 "화씨(華氏)의 구슬" 사건으로 인해 인상여가 진나라에 사신으로 방문하게 되었습니다. 이때 인상여는 능수능란한 외교술과 처세술로 진소양왕의 마음을 사로잡고 무서운 호령으로 진나라 군사들의 간담을 서늘하게 했습니다. 결국 인상여는 "화씨의 구슬"도 빼앗기지 않고, 동시에 그 무서운 소양왕 앞에서 자신이 하고 싶은 말을 자신 있게 다하고 오히려 호통까지 치고 조나라로 돌아온 것입니다. 이때부터 원래의 물건이 고스란히 주인에게 다시 돌아왔을 때 "완벽귀조(完璧歸趙: 구슬이 완전히 조나라로 돌아오다.)"라는 말을 쓰기 시작했습니다.

구슬을 되찾은 조나라의 혜문왕(惠文王)은 "인상여가 우리 조나라의 자존심을 높이 세웠다."고 말하며, 그를 상대부(上大夫)에 임명했습니다. 그리고 3년 후, 그는 진나라 왕과 조나라 왕의 회견에서 조나라 왕의 치욕을 면하게 하는 공을 세우게 됩니다. 이에 조나라 왕은 인상여의 직위를 높여 상경(上卿)으로 삼았습니다.

그런데 문제는 이때부터 시작됩니다. 바로 염파 장군이 인상여를 질투하게 된 것입니다. 염파 장군에게 있어서 자기는 목숨을 걸고 전쟁터에 나가 나라를 지켰는데, 인상여는 단지 세 치 혓바닥만 놀려서 자기보다 더 높은 버슬을 차지했으니 성질 급한 염파의 기분이 상한 것은 너무

은혜는 눈물이다

당연합니다. 그래서 염파는 언제 한 번 기회가 되면 인상여를 죽이려고 벼르고 있었습니다.

이러한 상황을 눈치 챈 인상여는 그 뒤부터 일부러 염파를 슬슬 피해 다녔습니다. 그러던 어느 날, 원수는 외나무 다리에서 만난다고 두 사람의 행차(行次)가 외딴 길에서 마주쳤습니다. 이때 인상여는 염파를 보고 길을 피해 버렸습니다. 염파는 의기양양해서 그곳을 지나갔습니다. 이날 인상여 밑에 있던 신하들은 인상여를 겁쟁이라고 욕하며 그를 떠나려 했습니다. 그때 인상여는 그들을 진정시키며 다음과 같이 말합니다.

> 내가 염파 장군을 피한 것은 다 까닭이 있어 그런 것이오. 여러분은 염파 장군과 진나라 소양왕 중 누가 더 무섭소? 진나라 소양왕 앞에서도 호통을 친 내가 왜 염파 장군을 무서워하겠소? 내가 그렇게 한 것은 다 우리 조나라를 위하여 한 것이오. 현재 진나라는 어떻게 해서든 우리 조나라를 치려 하고 있소. 그러나 그렇게 못하는 것이 바로 조나라에 나와 염파가 있기 때문이오. 둘 중 누구 하나라도 없어지면 우리 조나라는 멸망하오. 나는 내 자존심보다 내 나라 조나라가 더 중요하오. 그래서 나는 내 나라를 위하여 내 자존심을 죽인 것이오. 내가 그때 비키지 않았으면 내 자존심은 살릴 수 있을지 모르나 그렇게 되면 나와 염파 둘 중 한 사람은 죽어야 할 상황이니 그 순간 우리 조나라는 망하는 것이외다. 그래서 우리 조나라를 위하여 내가 먼저 피한 것이오.

선국가지급(先國家之急) 이후사구(以後私求)

(먼저 나라의 급한 일을 해결하고 사적인 일은 뒤로 넘긴다.)

이러한 인상여의 해명을 들은 문하생들은 그때서야 그의 깊은 뜻에 감동하고 그 이야기를 여기저기 자랑하고 다녔습니다.

급기야 이러한 소문은 우경(虞卿)이라는 한 지혜자의 중재로 염파의 귀에도 들어가게 됩니다. 이 소식을 들은 염파는 즉시 부하 군사들에게 뒷산에 있는 가시나무 가지들을 다 꺾어 오라고 분부합니다. 그리고 염파는 웃옷을 벗고 부하들이 꺾어 온 그 많은 가시나무 가지를 옷을 벗은 자기 등에 지고 인상여의 집으로 달려갑니다. 그리고 인상여의 집 마당에서 무릎을 꿇고 다음과 같이 외칩니다.

인상여 어른! 이 못난 놈은 어른의 그 깊은 뜻을 몰라 보고 오만방자하게 어른 앞에서 씻을 수 없는 죄를 저질렀으니 지금 내가 가지고 온 이 가시나무 가지들이 다 부러져 없어질 때까지 이 못난 놈의 종아리와 등짝을 때려 주시옵소서!

염파의 이러한 모습을 본 인상여가 버선발로 뛰어 내려와 염파 장군을 부축하여 일으켰습니다. 그들은 그 자리에서 서로를 눈물로 위로하고, 오해를 풀었습니다. 그래서 후대 사람들은 이 두 사람의 우정을 "관포지교(管鮑之交)"에 필적하는 "문경지교(刎頸之交)"로 표현합니다. 이 말은

은혜는 눈물이다

풀이하면, "목에 칼이 들어오더라도 변하지 않는 우정"을 의미합니다. 이러한 염파와 인상여의 이야기는 제가 위에서 언급했던 두 가지 싸움 중 "저야 이기는 싸움"이 어떤 것인지 우리에게 너무나 잘 보여 주고 있습니다.

여러분, 너무 감동적이지 않습니까? 만약 이러한 일이 실제로 신약성경에 기록되었다면 얼마나 많은 사람이 은혜를 받았을까요? 인상여도 인물 중의 인물이지만, 염파 또한 그에 못지않은 인물 중에 인물이었음이 분명합니다. 중국 천하를 사로잡았던 인상여 같은 사람이기에 이 정도의 사려 깊음이 나오지 않았을까요? 정말 인상여답지 않습니까? 또한 중국 천하를 호령하는 장군이라면 염파 정도의 기백은 있어야 하지 않을까요? 결국, 이 두 사람이 조나라에 버티고 있는 한 제 아무리 진나라라 한들 어떻게 조나라를 넘보겠습니까? 그러나 결국 이 두 사람이 죽으면서 조나라의 운명도 그 기운을 다하게 됩니다.

요즘 교회마다 서로 분쟁이 있으며, 싸움이 잦습니다. 이때 우리는 인상여와 염파가 보여 준 "문경지교"의 관계를 "서로 사랑하라(마 5:44)."는 예수님의 가르침으로 오늘날 우리 교회 속에 재현할 필요가 있습니다. 또한 인상여의 "선국가지급 이후사구(先國家之急 以後私求: 먼저 나라의 급한 일을 해결하고 사적인 일은 뒤로 넘긴다.)"라는 교훈도 학개 선지자의 예언에 기초하여(학 1:9) 바로 "선교회지급 이후사망(先敎會之急 以後事忘: 먼저 하나님 교회의 일을 생각하고 사적인 일은 잊어버리자.)"으로 기억할 필요가 있습니다.

우리 자존심 때문에 교회가 병든다면 큰일입니다. 우리 마음대로 해서 우리 자존심은 살릴 수 있을지 모르지만, 그로 인해 하나님의 교회는 쪼개지고 맙니다. 그러나 교회를 위해 내 자존심을 죽일 수 있다면, 그보다 은혜로운 일이 어디 있겠습니까? 예수님이 보여 주신 삶의 모범이 무엇입니까? 바로 우리를 위하여 자신을 버리신 삶이 아닙니까? 그 예수님의 길을 따르던 사도 바울도 결국에는 져야 이기는 싸움을 한 사람이 아닙니까? 그렇다면 우리는 어떤 싸움을 해야 합니까?

현재 우리는 반대의 싸움을 하고 있습니다. 우리는 "져야 이기는 싸움"에는 악착같이 이기려고 하고, "이겨야 이기는 싸움"에는 자꾸 집니다. 그래서 하나님께서는 바울의 진보를 통하여 우리에게 그것을 말씀하고 계신 것입니다. 우리가 목숨을 걸고 이겨야 하는 대상은 같은 교회 안에 있는 사람이 아닙니다. 목사님도, 장로님도, 집사님도, 권사님도, 성도들도 아닙니다. 우리가 목숨을 걸고 싸워 이겨야 하는 대상은 그들 뒤에 숨어서 장난치는 사탄 마귀 원수의 세력들입니다. 그런데 마귀와는 안 싸우고 주변 사람들하고만 싸우면 교회가 병들게 되는 것입니다. 이 것은 싸움의 대상을 잘못 고른 것입니다. 싸움의 대상을 잘못 골랐으니 싸움의 방향도 잘못 될 수밖에 없는 것입니다. 결국 싸움의 결과는 치명적입니다. 그래서 우리도 바울의 본을 따라 신앙의 성숙과 진보를 이루어 나가야 합니다.

바울은 세월이 지날수록 자신의 전투 대상이 자기 주변 사람이 아니라 그 뒤에 숨어서 장난치는 사탄 마귀임을 확신하게 된 것입니다. 그래서 사람보다도 그 뒤에 숨은 마귀와 싸우려 했던 것입니다. 우리 주변에 보이는 사람들은 우리가 져야 내가 이기는 사람입니다. 그러나 우리 주변에 보이지 않는 마귀는 우리가 이겨야 이기는 존재입니다. 우리는 현재 누구와 싸우고 있습니까?

손양원 목사님의 눈물

우리는 손양원 목사님에 대하여 잘 알고 있습니다. 손양원 목사님은 자신의 두 아들을 죽인 살인자를 오히려 자신의 양자로 삼은 "사랑의 원자탄"이자 "순교자"입니다. 그 사이에 눈물이 없었을까요? 손양원 목사님도 자식을 키우고 사랑하던 인간이고 아버지입니다. 그래도 자신의 자식을 죽인 자를 양자로 삼는 과정에서 눈물이 없었을까요? 흔히 손양원 목사님을 사랑의 원자탄이라고 하는데, 저는 손양원 목사님을 눈물의 원자탄이라 부르고 싶습니다. 눈물 없이는 할 수 없는 용서를 하신 분이기 때문입니다.

한번은 제가 미국에서 공부할 때에 수업 시간에 독일 히틀러(Hitler) 정권에 도전하였던 디트리히 본회퍼(Dietrich Bonhoeffer) 목사에 대한 이야기가 나왔습니다. 그때 저는 본회퍼 목사에 못지않은 위대한 업적을 남긴 믿음의 사람이 한국 교회사 속에도 있었음을 소개하며, 외국 사람들에게 손양원 목사님에 대한 이야기를 들려준 적이 있었습니다. 그때 외국 사람들은 내 말이 거짓말이라며 곧이들으려 하지 않았습니다. 그러나 제가 나중에 미국 선교사들의 기록에 남겨져 있는 손양원 목사님의 일생을 증거 자료로 제시하자 그들은 매우 당황하며 놀랐습니다. 그리고 이렇게 위대한 사랑의 표본이 왜 세계 교회사 속에 숨겨져 있는지 안타까워했습니다. 그 만큼 그들에게는 손양원 목사님이 보여 주신 사랑의 힘이 믿기 힘든 사건이었던 것입니다. 확신하건대, 손양원 목사님이야말로 세계 교회사 어디에 내놓아도 부끄럽지 않는 우리 한국 교회사가 낳은 위대한 사랑의 목회자입니다.

그 손양원 목사님의 업적 속에 드러난 "싸움의 법칙"을 한번 묵상해 보려 합니다. 자신의 두 아들을 살해한 자를 향한 손양원 목사님의 싸움은 어떤 싸움이었습니까? 만약 손양원 목사님이 자신의 아들을 죽인 사람을 직접 죽여 버린다면 그것은 "복수"를 위한 싸움일 것입니다. 그러나 손양원 목사님이 직접 죽이지 않고 사회의 법에 심판을 맡겨 그 법에 따라 처벌을 한다면 그것은 "정의"를 위한 싸움일 것입니다. 그러나 손양원 목사님이 보여 주신 싸움은 복수의 싸움도, 정의를 위한 싸움도 아니었습니다. 그 싸움은 바로 "은혜의 싸움"이었습니다.

자기의 아들을 죽인 그를 오히려 자신의 아들로 삼았으니 이것이 바로 은혜의 싸움이 아니고 무엇이겠습니까? 손양원 목사님에게 있어 그 싸움이 쉬운 싸움이었을까요? 절대 쉽지 않았을 것입니다. 그러나 그 싸움은 우리가 해야 하는 싸움입니다. 바로 "은혜의 싸움!", "져야 이기는 싸움"입니다. 바로 예수 그리스도께서 하신 거룩한 싸움입니다. 우리 힘으로 할 수 없는 싸움입니다. 그러기에 은혜를 구해야 합니다.

하나님께서 이러한 거룩한 싸움을 매일 하십니다. 하나님께서는 선택하신 우리들을 매일 이렇게 용서하시기 위하여 "져야 이기는 싸움"을 하십니다. 하나님께서 선택하신 사람들에게 보여 주시는 것은 "복수"도 아니요, "정의"도 아니요, 바로 "은혜"입니다. 사도 바울은 그의 말년에 바로 이 "은혜의 싸움"을 했던 것입니다. 바로 "져야 이기는 싸움"입니다.

큰 산이 큰 산 되고 바다가 바다 될 수 있었던 이유는?

중국 역사가 사마천이 쓴 『사기』 "이사열전(李斯列傳)"에 나오는 이야기입니다. 중국 진시황제가 혼란한 춘추전국시대를 통일한 뒤에 있었던 사건입니다. 그 당시 한(韓)나라 사람 정국(鄭國)이 운하를 건설하고 있었습니다. 그런데 나중에 확인해 본 결과 그가 운하를 건설하는 목적이 진나라를 위한 것이 아니라, 오히려 진나라의 동쪽 정벌을 포기하게 하고 국가 재산을 모두 탕진시켜 결국 나라를 망하게 하려는 것이었다는 사실이 드러났습니다. 이 일로 왕족과 대신들이 모든 빈객을 축출하자고 들고 일어났고, 진시황제는 크게 노하여 정국을 비롯한 모든 재외국인(在外國人)을 진나라 밖으로 추방하려 했습니다. 이때 진시황제의 오른팔로 활약했던 이사(李斯)라는 신하가 황제에게 상소문을 올렸는데, 그 내용 중에 진시황제의 마음을 감동시킨 한 문장이 있었습니다.

태산불사토양(泰山不辭土壤) 하해불택세류(河海不擇細流)

"큰 산은 사소한 흙을 버리지 않았기에 큰 산이 되었고, 큰 바다는 작은 물줄기라도 막지 않았기 때문에 큰 바다가 될 수 있었다."는 말입니다. 이 말은 중국 백성들에게 중국을 통일한 황제로서의 넓은 아량과 용서를 보여 성군으로서의 모습을 잊지 말아 달라는 뜻이었습니다. 그 악독하던 진시황제도 이러한 충언에 감동하여 화를 참았다고 합니다.

한번 생각해 봅시다. 우리 한국 기독교가 오늘날 세계적인 기독교가 될 수 있었던 이유가 무엇입니까? 우리 한국 교회가 오늘날 세계적인 교회가 될 수 있었던 이유가 무엇입니까? 우리 주변에 있는 사소한 죄악의 흙더미라도 끌어안고 회개했으며, 작은 성령의 물줄기라도 막지 않고 갈망했기 때문이 아닙니까?

교회에는 교회 일을 한다는 명목 하에 오히려 교회를 어렵게 만드는 사람들이 종종 있을 수 있습니다. 성도 간에 서로 마음에 안 드는 사람이 있을 수도 있습니다. 어렵게 청빙하여 모신 목회자가 실수할 수도 있습니다. 실망시킬 수도 있습니다. 그러나 만약 그런 사람마다 우리가 다 내쫓고 멀리한다면 바울의 초기 편지에 나타난 태도와 다른 것이 무엇이겠습니까? 그 어느 누가 하나님 앞에 바로 설 수 있을까요?

하나님께서는 우리와 같은 티끌을 아끼고 사랑하여 모으셨기에 교회가 서고 하나님의 나라가 세워지기 시작했습니다. 하나님께서는 우리와 같은 더러운 시냇물을 모으셔서 정화시키심으로 온전한 하나님 은혜의

은혜는 눈물이다

강물을 이루셨습니다. 하나님께서는 사도 바울의 태도도 하나님의 태도로 바꾸어 주셔서 결국 우리 모두가 사도 바울의 모범을 따르도록 인도하셨습니다. 그 사실을 생각할 때 우리는 눈물을 흘릴 수 밖에 없습니다. 은혜는 눈물이기 때문입니다.

나이아가라 폭포보다 더 강한 한 줄기 눈물

제가 미국에 있을 때에 나이아가라 폭포(Niagara Fall)에 다녀 온 적이 있습니다. 그때 저는 왕복 20시간에 가까운 운전을 한 것으로 기억합니다. 그 당시 한국에서 여행 오신 선배 목사님들이 몇 분 계셨는데, 그분들은 정식 미국 운전면허증이 없어서 미국에서 왕복 20시간이 넘는 운전을 하기에는 좀 무리가 있었습니다. 그래서 그 선배 목사님들의 부탁으로 운전하게 되었습니다. 그리고 그분들의 배려 속에서 저는 태어나 처음으로 말로만 듣던 나이아가라 폭포를 보았습니다. 그야말로 정말 아름다웠습니다. 백문불여일견(百聞不如一見)이라는 말이 실감날 정도였습니다. 가서 직접 보는 방법 외에는 그 웅장함을 표현할 수 없습니다.

선배 목사님들을 모시고 돌아오면서 저는 혼자 운전하며 이런 생각을 했습니다. 나이아가라 폭포! 참으로 아름답고 웅장했습니다. 그러나 그것은 전지전능하신 하나님이 창조하신 여러 창조물 중에 극히 작은 일부분이었습니다. 그런데 지구상에 있는 사람들 중에는 그 나이아가라 폭포도 구경 못하고 죽는 사람이 많습니다. 하나님이 창조하신 창조물 중에 극히 일부분인 나이아가라 폭포도 못보고 죽는 사람이 많다는 말입니다.

생각해 보면, 사람이 짧은 인생을 살면서 아무리 다녀도 못 본 것이 많고, 아무리 들어도 못 들은 것이 많고, 아무리 배워도 모르는 것이 많고, 아무리 느껴도 못 느끼는 것이 많고, 아무리 믿으려 해도 안 믿어지는 것이 많은데, 내가 어떻게 하나님을 알게 되고, 믿게 되고, 듣게 되고, 그분에 대하여 배우게 되었을까요? 하나님께서 창조하신 그 만물 중 극히 일부분만 보고 지나가는 내가 어떻게 그 모든 것을 창조하신 하나님을 믿게 되었을까요?

그 해답은 하나였습니다. 그저 하나님께서 나를 불쌍히 여겨 하나님 자신을 볼 수 있도록 허락하시니 보게 되는 것이고, 듣도록 허락하시니 듣게 되는 것이고, 알도록 허락하시니 알게 된 것이고, 느낄 수 있도록 허락하시니 느끼게 된 것이고, 믿도록 허락하시니 믿게 된 것이지, 내 힘으로 어떻게 하나님을 추구하며, 하나님을 갈망하며, 하나님을 사모하겠습니까? 내가 하나님을 믿게 된 것은 하나님이 먼저 나를 선택하셔서 그 모든 것을 허락하셨기에 가능한 것이었습니다. 만약 그것이 없다면 그 누가 하나님을 제대로 알겠습니까?

하나님께서 만들어 놓으신 창조물의 일부분도 제대로 못보고 있다가 이제야 그것을 보고 감탄하던 내가 어떻게 하나님을 나 스스로 알게 되었겠습니까? 그저 하나님이 무조건적으로 나를 선택하셔서 그 모든 것을 허락하셨기 때문입니다. 하나님께서 자신을 우리에게 알도록 허락하

은혜는 눈물이다

시기 전에 감히 그 누가 하나님을 자기 스스로 알고 믿었다고 말할 수 있겠습니까? 이 깨달음은 나이아가라 폭포에서 돌아오던 길에 제 영혼 속에 울리는 하나님의 음성이었습니다.

이것이 은혜입니다. 이것이 기적입니다. 이것이 무조건적인 선택의 은혜와 기적이 아니고 무엇이겠습니까? 내 일생에 있어서 가장 큰 기적은 저 미국의 나이아가라 폭포도 아니고, 저 이집트의 피라미드(pyramid)도 아니고, 저 중국의 만리장성(萬里長城)도 아닙니다. 이 지구상에, 아니 이 우주상에 가장 큰 기적은 현재 우리가 바로 하나님을 믿고 있다는 그 사실 자체입니다. 그것이 바로 기적입니다! 그것이 기적 중의 기적인 것입니다!

아무리 전도해도 믿지 않는 사람은 절대 믿지 않습니다. 아무리 설득해도 복음을 듣지 않는 사람은 절대로 그 복음에 귀를 기울이지 않습니다. 그러나 그런 많은 사람 가운데 특별히 우리를 선택하셔서 나를 믿어지도록 인도하시고 우리로 하여금 신앙 고백하도록 허락하신 하나님의 은혜 속에서 우리가 현재 예수를 믿고 있다는 그 사실이 이 지구상의 가장 큰 기적입니다.

이것은 피라미드보다 만리장성보다 나이아가라 폭포보다 더 큰 기적인 것입니다. 그리고 가장 위대한 관광거리입니다. 이 세상에 가장 위대한 관광거리가 무엇입니까? 그것은 바로 우리 자신입니다. 우리가 현재 하나님을 믿고 있고, 알고 있다는 그 사실이 가장 큰 기적이요 관광거리입니다. 이것이야 말로 내 평생 자랑하고 다녀도 모자란 기적이 아니겠습니까? 가만히 우리 과거를 돌아봅시다. 우리가 예수 그리스도를 구주로 고백하게 된 것이 나의 힘이었습니까? 아니면 하나님의 불가항력적인 은혜였습니까? 그것은 100% 하나님의 은혜였습니다!

그렇다면 남는 것은 무엇입니까? 그저 하나님께로 향한 감사뿐입니다. 그것을 깨달을 때, 누구나 예외 없이 눈물을 흘립니다. 그 눈물은 분명히 나이아가라 폭포보다 더 강한 것입니다. 그것은 은혜의 눈물이기 때문입니다. 나이아가라 폭포는 그렇게 크고 웅장하게 흘러내리지만 자신이 누구인지도 모르고 왜 그렇게 흘러내리는지도 모릅니다. 그냥 흘러내리는 것입니다. 그러나 우리의 눈물은 비록 우리의 작은 두 눈동자에서 흐르는 힘없는 물줄기이지만 그 눈물은 이 모든 세상을 다 바꾸어도 우리를 포기하지 않으시는 하나님의 사랑을 깨달을 때만 흐르는 것이기에 그 뜻이 무엇인지 알며, 그 눈물의 농도가 얼마나 심오한 것인지 우리는 압니다.

그러므로 그저 우리 같이 전적으로 타락하고 무능력한 사람들을(total depravity and inability), 성부 하나님께서 선택(unconditional election)해 주시고, 성자 예수님께서 속죄(limited atonement)해 주시고, 성령 하나님께서 불가항력적 은혜(irresistible grace)로 중생시켜 주셔서 영원한 하나님의 보호하심 아래 구원의 날까지 인(印)쳐 주신 그 은혜(perseverance of believers)에 놀라울 뿐입니다. 이 은혜만 생각한다면, 우리는 당연히 눈물이 날 수 밖에 없습니다. 은혜는 눈물이기 때문입니다.

평범함이 감사다 - 의사(醫師) "편작"의 고백

중국 춘추전국시대 초(楚)나라에 갈관자(鶡冠子)라는 도사가 있었습니다. 이 사람은 기인(奇人)으로서 도교(道敎)를 신봉하던 사람입니다. 그는 혼란스러운 세상을 떠나 그냥 산속에서 자연을 벗하며 살던 사람이었습니다. 그래서 그의 본명은 잘 알려지지 않고 "갈관자"라는 그의 별명만이 후대에 전해집니다. 그를 그렇게 부른 이유는 그가 항상 새의 깃털로 된 모자를 머리에 쓰고 다녔기 때문입니다.

이때 "갈(鶡)"이라는 단어는 영적인 힘을 지니고 있는 거룩한 새, 즉 영험(靈驗)이 있는 영조(靈鳥)를 뜻합니다. 흔히 고구려가 국조(國鳥)로 믿던 삼족오(三足烏: 다리가 세 개인 까마귀. 전설의 새로 태양 속에서 살며, 용을 주식으로 먹고 산다고 한다.)와 비슷한 것이라 생각하면 됩니다.

이러한 갈관자는 그 혼란스러운 시대에 산속에서 혼자 도를 수양하면서 세상에 돌아다니는 잡다한 이야기를 담은 책을 썼습니다. 그 책 제목이 자신의 별명과 똑같은 『갈관자(鶡冠子)』로 총 3권이며, 19편으로 나누어져 있습니다. 지금 소개하려는 이야기는 그 책 속에 나옵니다.

역사를 통하여 볼 때, 각 시대마다 위대한 의원(醫員)들이 있었습니다. 특별히 주목받는 의원은 세 명입니다. 중국 춘추전국시대의 편작, 중국 한(漢)나라 말기(삼국지 시대)의 화타 그리고 우리나라의 허준입니다. 이중에서 편작은 죽은 사람도 살려낸 경험이 있는 신의(神醫) 중에 신의입니다. 바로 『갈관자』에는 이 신통한 의사 편작이 위나라 왕을 만났을 때 나누었던 대화의 한 부분이 소개되어 있습니다. 이 두 사람의 대화는 바울이 마지막으로 보여 준 감사의 고백을 오늘날 우리에게 현실화하는 것이 무엇인지 깨닫게 합니다.

위나라 왕이 편작에게 가족 관계를 물었습니다. 편작은 자기에게는 위로 두 명의 형이 더 있고, 그들도 모두 자기와 같은 의원이라고 대답하며 자신의 의술은 그 두 형님에 비하면 아주 형편없다고 설명했습니다. 그 말을 이상히 여긴 왕은 "그렇다면 왜 그 형들은 유명해지지 않고, 당신만이 그렇게 유명해졌는가?"라고 되물었습니다. 그때 편작은 다음과 같이 대답합니다.

> 큰형님은 사람을 척 보면 그 사람이 10년 뒤에 걸릴 병을 미리 알고 처방해 줍니다. 그러므로 현재 환자 아닌 환자의 처지에서는 아무런 감사도 없고 놀랄 일도 없습니다. 오히려 어떤 환자는 자기를 병자로 취급한다고 큰형님께 핀잔을 주기도 합니다. 둘째 형님은 환자의 병이 초기 증상을 보일 때 그 병의 치료법을 알게 되어 처방해 치료합니다. 때문에 그 환자 역시 그리 큰 감사와 감격은 얻지 못합니다. 그러나 저는 환자가 다 죽어가도록 그 병명도 모르고 치료법도 모르다가, 그 환자가 죽기 바로 직전에 가서야 그 병명도 알고 치료법도 알게 됩니다. 그러다 보니, 죽음 근처까지 같다가 살아난 환자는 나에게 감사하고, 나의 이름을 방방곡곡에 알리게 되지요. 그래서 제가 삼 형제 중에 가장 의술이 부족함에도 불구하고 가장 유명해졌습니다.

큰형은 미리 치료해 주기 때문에 감사도 못 받고, 인기도 못 얻고, 오히려 어떤 때는 욕만 얻어 먹습니다. 둘째 형은 징조가 보이면 치료합니다. 그런 대로 감사가 나오지만, 그리 강하지는 않습니다. 편작은 죽기 바로 직전에 치료합니다. 그래서 사람들은 평생 그를 잊지 못합니다.

어떻습니까? 우리 하나님은 항상 큰형님 같으십니다. 모두 다 미리 막아 주십니다. 그런데 우리는 그것에 감사할 줄 모릅니다. 범사에 감사할 줄 모르는 것입니다. 그것을 으레 당연하게 여기고 오히려 약간 어려움을 당하면 하나님께 원망합니다. 그러면 하나님께서는 삼 형제 중 막내였던 편작의 방법을 사용하지요. 우리를 일부러 진퇴양난의 죽음의 길로 몰아넣으시고 죽기 직전에 살려 주셔서 하나님의 은혜를 찬양하게 하고 감사하게 합니다. 우리는 꼭 그렇게 해야 감사하는 낮은 수준의 신앙 태도를 가지고 있기 때문입니다.

그러므로 범사에 감사해야 합니다. 평범한 일상 가운데 매번 반복되듯 흘러가는 하루하루라 해도 우리가 살 수 있는 것은 매번 도와주시는 하나님의 은혜 때문이요, 매번 미리 막아 주시는 여호와 이레의 은혜가 있기 때문입니다. 밤에 자고 아침에 일어나는 평범한 일상이 은혜임을 알아야 합니다. 밤에 잘 때 저절로 눈이 감기고, 아침에 일어날 때 저절로 누가 시키지 않아도 눈을 뜬다는 것 자체가 은혜입니다. 돌아가시는 분들 보면 대부분 눈을 감고 돌아가십니다. 그 이유는 눈 뜰 힘이 없으시기 때문입니다. 반면에 눈을 뜨고 돌아가시는 분도 있습니다. 그 이유는 뭘까요? 눈을 감고 돌아가시는 이유의 반대입니다. 눈 감을 힘이 없어서 눈을 뜨고 돌아가시는 것입니다. 매번 우리가 특별히 신경 쓰지 않아도 눈을 껌벅거리며 뜨고 감을 수 있다는 것이 은혜입니다. 우리가 특별히 힘들이지 않아도 저절로 되는 것을 은혜라 합니다. 이런 면에서 볼 때, 우리가 매번 눈을 감도 뜨는 것초차도 하나님의 은혜임을 고백하게 됩니다. 그리고 그때마다 우리는 눈물을 흘려야 할 것입니다. 은혜는 눈물이기 때문입니다.

감사 = 지은(知恩) - 보은(報恩) - 사은(謝恩) - 배은(拜恩)

모든 그리스도인은 하나님의 은혜 속에서 태어나서 그 은혜 속에서 그 은혜를 누리다가 그 은혜 속에서 죽고, 은혜로 천국에 들어갑니다. 그 과정에서 수많은 눈물을 흘립니다. 그 눈물은 모두 회개의 눈물, 참회의 눈물, 감동의 눈물, 감격의 눈물입니다. 그리스도인치고 하나님의 은혜를 입지 않고 사는 사람은 없으며, 그 은혜가 없이는 그리스도인이 될 수도 없습니다. 그리고 그 와중에 눈물을 흘리지 않는 사람은 없습니다. 세월이 지나갈수록 하루하루 사는 것이 은혜임을 깨닫습니다. 우리가 이러한 은혜를 묵상하고, 은혜를 되돌아볼 때마다 생각해야 할 것이 네 가지입니다.

첫째, 지은(知恩)입니다. 풀이하면, 하나님의 은혜를 안다는 것입니다. 하나님의 은혜를 받았으면서도 그 은혜를 모른다는 것은 좋은 옷을 입었으면서도 자신이 입은 것이 무슨 옷인지 모르는 것과 같습니다. 은혜를 알 수 있다는 그 자체가 이미 은혜요, 그것을 알 수 있는 영적 상황에 있다는 것도 은혜의 결과입니다. 일단, 은혜가 은혜임을 알아야 합니다. 그래야 그 은혜가 은혜 되고, 그때 흐르는 눈물이 은혜의 눈물이 됩니다.

둘째, 보은(報恩)입니다. 풀이하면, 하나님의 은혜에 보답한다는 것입니다. "내게 주신 모든 은혜를 내가 여호와께 무엇으로 보답할까(시 116:12)?"라는 말씀과 같이 우리는 항상 하나님의 은혜에 보답하는 마음으로 살아야 합니다. 그러나 우리는 그 은혜를 보답할 수 없습니다. 하나님의 은혜가 감히 우리가 보답할 수 있는 은혜라면 이미 은혜가 아닙니다. "내게 주신 모든 은혜를 내가 여호와께 무엇으로 보답할까?"라는 시편 기자의 이 말은 자신이 그 은혜를 꼭 보답하고 말겠다는 단호한 결심의 말이라기보다는 하나님의 그 크신 은혜가 너무나 위대해서 자신이 보답할 수 없을 만큼임을 감탄한, 겸손하며 솔직한 고백이라고 봐야 합니다. 다만, 이 말은 꼭 조금이라도 보답하려는 마음으로 살아가겠다는 신앙인의 결단이 있는 고백으로 인정되어야 합니다. 하나님의 은혜는 도무지 보답할 수 없는 은혜이지만, 우리는 그 은혜에 보답하는 마음으로 살아야 합니다.

셋째, 사은(謝恩)입니다. 풀이하면, 하나님의 은혜에 감사한다는 것입니다. 받은 은혜가 커서 갚지 못하더라도, 보답하지 못하더라도, 감사는 할 수 있고 또 해야 합니다. 은혜를 받았으면서도 감사하지 못하는 것은 이미 은혜를 받을 자격이 없는 사람입니다. 그러므로 무엇보다 우리는 받은 은혜에 감사하는 사람이 되어야 합니다.

　넷째, 배은(拜恩)입니다. 풀이하면, 하나님의 은혜에 감사하는 마음으로 엎드려 예배드리고 경배한다는 뜻입니다. 이 '배은'이라는 말은 똑같은 발음이지만 전혀 다른 반대의 뜻을 지닌 '배은(背恩, 은혜를 배신한다.)'과는 구별되어야 합니다. 이 세상에 두 가지 종류의 사람이 있습니다. "배은망덕(拜恩望德)"한 사람과 "배은망덕(背恩忘德)"한 사람입니다. 이때 "배은망덕"이라는 사자성어는 발음은 서로 같지만, 그 속에 담긴 한자 풀이는 전혀 다릅니다. 첫째 "배은망덕(拜恩望德)"한 사람은 받은 바 은혜에 감사하여 그 은혜를 베푸신 분에게 경배하며 그 은혜의 덕을 사모하며 사는 사람입니다. 그러나 둘째 "배은망덕(背恩忘德)"한 사람은 받은 바 은혜를 배반하고 그 은혜의 덕을 잊어버린 사람입니다. 우리는 하나님의 은혜를 잊고 배반하는 "배은망덕(背恩忘德)"한 사람이 되어서는 안 되고 그 반대로 하나님의 은혜를 기억하고 그것 때문에 하나님께 엎드려 예배하고 경배하는 "배은망덕(拜恩望德)"한 사람이 되어야 합니다.

　지금까지 설명한 지은(知恩), 보은(報恩), 사은(謝恩), 배은(拜恩) 이 네 가지는 하나님으로부터 선택 받아 우리 주 예수 그리스도의 피로 용서함을 얻은 뒤 성령 하나님의 인도하심으로 영생의 천국을 허락 받은 우리 그리스도인들이 평생 실천해야 할 신앙생활의 전후좌우이며 믿음 생활의 동서남북입니다. 전후좌우 동서남북 어디를 살펴보아도 보이는 것이라고는 하나님의 은혜 밖에 없는 귀한 삶을 살아나가는 우리가 되길 바라며, 그 속에서 하나님께서 허락하시는 뜨거운 은혜의 눈물을 지속적으로

은혜는 눈물이다

흘릴 수 있기를 소망합니다. 은혜는 눈물이기 때문입니다.

울며 씨를 뿌리는 사람의 열매

예수님께서는 복음서의 '씨 뿌리는 비유(막 4:19; 눅 8:4-8)'를 통하여 하나님의 나라를 씨를 뿌리는 것으로 말씀하셨습니다. 그리고 시편 기자는 씨를 뿌릴 때 눈물로 울며 뿌려야 한다고 노래하며 그렇게 울며 씨를 뿌리러 나가는 자는 반드시 기쁨으로 그 곡식 단을 가지고 돌아온다고 했습니다(시 126:6). 결국, 뭔가 얻게 되는 뜻 깊은 열매 또한 눈물 없이는 허락되지 않는다는 말입니다. 일단, 무엇인가를 심고 거두는 데 세 가지 과정이 있습니다.

첫째, "종두득두(種豆得豆)"의 과정입니다. 글자 그대로, 콩을 심으면 콩이 나고 팥을 심으면 팥이 난다는 뜻입니다. 다시 말하자면, 심은대로 거둔다는 말이며, 자기가 심은 것을 자기가 거둔다는 의미입니다. 이 말은 맞습니다. 열매를 맺으려면 일단 먼저 뿌린 것이 있어야하고, 심은 것이 있어야 합니다. 뿌려야 거두게 되고, 심어야 얻게 되는 것입니다. 그것이 하나님께서 온 우주를 창조하실 때 만들어 놓으신 창조의 섭리요, 이 세상의 법칙이요, 자연의 순리입니다. 이것이 바로 하나님의 일반 은혜, 일반 은총의 한 부분입니다. 모든 창조물에게 허락하시는 하나님의 일반적인 배려입니다. 그래서 자연은 거짓말하지 않고, 우리가 뿌린 열매는 우리를 속이지 않습니다.

둘째, "종죄득혜(種罪得惠)"의 과정입니다. 죄를 심었는데, 은혜가 났다는 뜻입니다. 이것은 죄 많은 우리를 위해 하나님께서 미리 마련해 놓으신 열매의 법칙입니다. 하나님의 특별 은혜, 특별 은총이 나타나는 부분입니다. 우리가 우리의 생활을 통해 심은 것은 죄 뿐인데, 그래도 신앙의 열매를 맺을 수 있는 것은 예수 그리스도의 십자가 보혈의 공로로 말미암아 우리에게 베풀어지는 하나님의 은혜 때문이라는 것입니다. 우리는 죄를 심었으나 죄가 많은 곳에 은혜가 더 많게 하신 하나님의 놀라운 배려입니다. 이 놀라운 은혜 속에 있으면 누구나 눈물을 흘리게 됩니다.

셋째, "종혜득혜(種惠得惠)"의 과정입니다. 은혜를 심고 은혜로 거둔다는 뜻입니다. 이 과정은 하나님께서 우리에게 원하시는 최대, 최고, 최상의 순간입니다. 모든 시작이 은혜요, 모든 끝이 은혜가 되는 순간을 뜻합니다. 이미 은혜 안에 있는 사람이 그 은혜를 더욱더 잘 누리게 되며 많은 열매를 맺게 되는 과정입니다. 자기 자신을 통하여 하나님의 은혜를 드러내는 거룩한 통로로서의 역할의 하는 과정입니다.

구약의 시편 기자는 울며 씨를 뿌리러 나가는 자는 반드시 기쁨으로 그 곡식 단을 가지고 돌아온다고 했습니다(시 126:6). 그리고 예수님께서는 하나님의 나라가 씨를 뿌리는 것임을 우리에게 가르쳐 주셨습니다(막 4:19; 눅 8:4-8). 그렇기 때문에 우리는 눈물을 흘려야 하고, 그 눈물의 과정을 통해 우리가 맺게 되는 열매는 은혜의 열매입니다. 은혜는 눈물이기 때문입니다.

하나님의 놀라운 구원의 은혜를 받은 우리들은 그 은혜를 심고, 사랑을 심고, 믿음을 심고, 헌신을 심고, 기도를 심어서 은혜의 열매를 가득 맺어 "종두득두"의 삶을 지나 "종죄득혜"의 은혜를 경험하고 "종혜득혜"의 열매를 맺어내야 합니다.

성장(成長, growth) vs 부흥(復興, revival) – 그 차이를 구분하라

오늘날 많은 사람이 "성장"과 "부흥"을 이야기합니다. 그런데 눈물은 말하지 않습니다. 이것이 문제입니다. 눈물의 회복은 우리 주변의 모든 것들에 "성장"과 "부흥"을 가지고 옵니다. 그러나 부흥과 성장 이 둘은 분명히 구분되어야 합니다. 물론 이 둘을 떨어뜨려 떼어 낼 필요는 없습니다(separate). 그러나 분명한 구분은 있어야 합니다(categorize). 성장은 양적인 것이지만(quantitative), 부흥은 영적인 것이기 때문입니다(spiritual).

성장의 개념은 마치 어린아이들이 외적으로 커 나가는 과정과 같습니다. 그래서 부모들이 "우리 아이의 몸이 매우 성장했어."라고 말하지 "우리 아이의 몸이 매우 부흥했어."라고 말하지 않습니다. 그러나 부흥은 외적이고 양적인 것과 상관없습니다. 내면의 영적인 감동과 변화 그리고 개혁이 일어나면 그것을 부흥이라 말합니다. 그러므로 예배의 회복을 이룰 때 중요한 것은 부흥이지 성장이 아닙니다. 예배의 회복을 통해 영적인 부흥이 일어나면 당연히 외적이며 양적인 성장은 저절로 동반됩니다.

그러나 그러한 외적이고 양적인 성장이 반드시 영적인 부흥을 입증하는 기준은 아닙니다.

이것을 적당히 비유하자면 이런 것입니다. 일반적으로 영어를 잘하는 사람이 토플(TOEFL)이나 토익(TOEIC)과 같은 영어 시험 점수를 높게 받습니다. 그러나 이상한 것은 토플이나 토익 점수가 높다고 해서 반드시 영어를 잘하는 사람은 아니라는 것입니다. 그 이유는 진정한 영어 실력과 영어 성적은 구분되기 때문입니다. 영어 성적은 때로는 진정한 영어 실력이 없어도 훈련된 인간적인 기술과 전략으로 얼마든지 점수를 올릴 수 있습니다. 다시 말하면, 진짜 실력과 기술적인 전략에는 차이가 있다는 점입니다. 그래서 그 둘은 구분되어야 합니다.

성장과 부흥의 상관관계도 이와 같습니다. 부흥되면 성장하지만, 성장했다고 반드시 부흥한 것은 아니라는 것입니다. 물론, 부흥이 매번 성장을 동반하지만 그것도 반드시 그런 것은 아닙니다. 또한 때로는 성장이 부흥을 입증하는 부분적인 기준일 수 있지만 절대적 기준은 되지 못합니다. 그러므로 성장이 없어도 부흥은 얼마든지 가능합니다. 동시에 부흥 없는 성장도 얼마든지 가능합니다. 그러나 부흥 없는 성장은 아무런 의미가 없습니다. 바로 여기에 크게 성장한 교회가 부흥을 잃어버릴 때 타락하게 되고 무너지는 결정적 이유가 있습니다. 실제 우리 한국 교회의 상황을 봐도 그렇습니다. 그러므로 비록 성장은 없더라도 오히려 부흥이 넘치는 상황을 하나님은 더 기뻐하십니다.

우리가 예수님의 눈물을 통해 보는 은혜의 회복 과정도 그렇습니다.

영적인 내면의 부흥이 먼저였습니다. 개인의 영적 부흥이 가정의 부흥으로 이어졌고, 가정의 부흥이 공동체의 부흥으로 전달되었으며, 공동체의 부흥이 전 족속의 예배 부흥으로 확대되었으며, 전 족속의 부흥이 결국 전 인류 역사의 부흥으로 성장의 결실을 보게 됩니다. 부흥에는 눈물이 있지만, 성장에는 눈물이 없습니다.

　그러므로 은혜의 회복은 성장의 관점에서 볼 것이 아니라 어디까지나 부흥의 관점에서 봐야 하고 하나님의 은혜 앞에서 흘리는 뜨거운 눈물의 관점에서 봐야 합니다. 모든 신앙인은 성장에 목숨을 걸지 말고 부흥에 목숨을 걸고 눈물에 목숨을 걸어야 합니다. 그래서 그 부흥을 위해 우리는 간절히 울어야 합니다. 울지 않고서는 부흥이란 없으며, 눈물 없는 부흥은 없습니다. 하나님 앞에 영혼의 무릎을 꿇고 간절히 눈물을 흘리는 그 순간, 그 자체가 바로 부흥의 순간임을 알아야 합니다. 숫자가 중요한 것이 아니라 진짜가 중요하며, 진짜와 가짜가 구분되는 기준은 한 번이라도 하나님 앞에서 은혜의 눈물을 흘려 본 적이 있느냐 없느냐입니다. 부흥을 원한다면 울어야 하고, 지금이라도 울 수 있다면 이미 부흥이 시작된 것입니다. 은혜는 눈물이기 때문입니다.

나의 눈물
예수님의 눈물

은혜는 눈물입니다. 그래서 우리는 은혜를 받기 위해 눈물을 흘려야 합니다. 그러나 그 눈물을 억지로 쥐어짤 필요는 없습니다. 다만, 하나님께서 눈물을 허락하실 때 그 기회를 놓치지 말아야 합니다. 우리는 오로지 은혜를 받았기 때문에 나오는 진정한 영적 눈물을 흘려야 합니다. 그만큼 은혜의 눈물은 자연스러운 것이며, 은혜의 눈물은 순적(順適)한 것이며, 은혜의 눈물은 순수한 것입니다. 그 눈물을 회복합시다!

끝없는 눈물

은혜는 눈물이다!

지금까지 이 책을 놓지 않고 여기까지 읽으신 분들은 너무나도 자주 이 문구를 들었기 때문에 이제는 매우 익숙하리라 생각합니다. 그럼에도 불구하고, 거듭 다시 반복할 수밖에 없는 우리 평생의 신앙 고백이 있다면, 그것은 여전히 "은혜는 눈물이다."입니다.

이 고백은 말씀이 육신이 되어 우리에게 임하신 예수 그리스도의 모습만큼이나 선명하게 우리 영혼 속에 각인되고 우리 삶 속에 확실히 실천되어야 할 말입니다.

그러나 이제 이 책의 내용을 마무리하는 마지막 단계에 와서 저는 이 고백과 관련된 또 다른 각도의 묵상을 한 가지 더 언급하고자 합니다.

은혜는 눈물이다. 그러나 모든 눈물이 은혜는 아니다.

Grace is tears. But not all tears are a blessing.

은혜는 만능(萬能)이다. 그러나 모든 눈물이 만능은 아니다.
Grace is omnipotent. But all tears are not everything.

역설적이지만, 이것 또한 분명한 진실입니다. 그것은 하나님은 사랑이시지만 사랑이 하나님이 아닌 것과 똑같은 이치입니다. 이것을 칼뱅주의 신학에 기본을 둔 개혁주의의 관점에서 설명하자면 이렇게 됩니다.

모든 것이 은혜다. 그러나 그 모든 은혜가 모든 사람을 위한 것은 아니다.
All is grace. But the grace is not for all.

이것을 목회 사역의 관점에서 비유하자면 이렇습니다.

누구나 목사가 될 수 있지만, 아무나 목사가 되어서는 안 된다.
Anyone could be a pastor. But not everyone could be a pastor.

이것을 우리의 일상생활에 비유하자면 이렇게 됩니다.

모든 날이 날이지만, 그 모든 날이 전부 특별한 날은 아니다.
Every single day is a day. But not every day is special.

예수님을 믿는 사람은 교회에 나옵니다. 그러나 단순히 교회에 나온

은혜는 눈물이다

다는 행위와 현상 자체가 그 사람이 예수님을 믿는 사람이라는 것을 증명하지 않듯이, 은혜가 임하면 당연히 눈물이 나옵니다. 그러나 눈물을 흘린다는 현상 자체가 은혜를 증거하는 것은 아닙니다.

예전 80대 후반에 어느 한 유명 가수가 이런 노래를 불렀습니다. "사랑이란 말은 너무 너무 흔해." 그 가사 내용처럼 오늘날 교회에 출석하는 그리스도인들 사이에서 은혜라는 말은 너무나 흔하게 사용됩니다. 모든 것에 은혜를 말하고 시도 때도 없이 아무 때나 은혜를 언급합니다. 물론, 은혜라는 단어는 좋은 것이며 아름다운 것이기에 많이 사용하는 것 자체가 잘못된 것은 아닙니다. 문제는 그 말의 뜻을 제대로 새기지 않으면서 함부로 아무 때나 일상적인 관용 표현처럼 사용한다는 점입니다. 모든 것이 은혜이나 아무 때나 그 은혜를 말할 수 있는 것은 아닙니다. 우리가 함부로 은혜라는 말을 남발해서는 안 되듯 우리가 흘리는 눈물도 무조건 그 모든 눈물이 은혜라고 남발해서는 안 될 것입니다.

'은혜의 눈물'과 그냥 일반적인 '생리적 눈물'에는 분명한 차이가 있습니다.

은혜의 눈물은 '본질(本質)'이지만, 생리적인 눈물은 '현상(現象)'입니다.
은혜의 눈물은 '영적(靈的)'이지만, 생리적인 눈물은 '감정적(感情的)'입니다.
은혜의 눈물은 '회개(悔改)'이지만, 생리적인 눈물은 '후회(後悔)'입니다.
은혜의 눈물은 '애통(哀痛)'이지만, 생리적은 눈물은 '원통(怨痛)'입니다.
은혜의 눈물은 '감사(感謝)'이지만, 생리적인 눈물은 '원한(怨恨)'입니다.

은혜의 눈물은 '감격(感激)'이지만, 생리적인 눈물은 '치욕(恥辱)'입니다.

은혜의 눈물은 '희락(喜樂)'이지만, 생리적은 눈물은 '조소(嘲笑)'입니다.

은혜의 눈물은 '용서(容恕)'이지만, 생리적인 눈물은 '복수(復讐)'입니다.

은혜의 눈물은 '애착(愛着)'이지만, 생리적인 눈물은 '집착(執着)'입니다.

은혜의 눈물은 '사랑(愛)'이지만, 생리적인 눈물은 '증오(憎惡)'입니다.

이처럼, 눈물은 은혜이지만, 모든 눈물이 다 은혜는 아닙니다.

우리가 흘리는 눈물에는 이른바 "악어의 눈물"도 있을 수 있습니다. 이 표현은 과거 "이집트 나일강에 사는 악어는 사람을 보면 잡아먹고 난 뒤에 그를 위해 눈물을 흘린다."라는 고대 전설에서 유래합니다. 그럼 정말 악어는 자신이 잡아먹은 사람을 애도하는 마음으로 눈물을 흘리는 것일까요? 이를 확인하기 위해, 미국의 과학자들이 2007년에 실제로 악어들을 상대로 실험했습니다. 그 실험을 통해 악어가 흘리는 눈물은 악어가 먹이를 물어뜯을 때 생기는 힘의 작용으로 눈에서 분비물이 나오는 현상에 불과하다는 것이 밝혀졌습니다. 그때 악어의 눈에서 나오는 눈물은 눈물샘의 신경과 입을 움직이는 신경이 같아 자극을 받으며, 먹이를 삼키기 좋게 수분을 보충시켜 주려고 흐르는 눈물일 뿐입니다. 실제로 실험 중에 어떤 악어는 눈에서 거품까지 흘렀다고 합니다. 악어의 눈물은 감격해서 울거나, 감동해서 울거나, 감화해서 우는 것이 절대 아닙니다. 악어의 눈물은 먹이를 악착같이 많이 먹기 위해 힘을 쓰다가 흘리는 눈물입니다. 이런 눈물을 은혜의 눈물이라 말할 수 없습니다. 그래서

"악어의 눈물"이라는 말은 거짓 눈물 또는 위선적인 행위를 비꼴 때 쓰는 말로 쓰입니다. 바로 여기에 우리가 은혜는 눈물이지만, 모든 눈물이 은혜는 아니라고 말할 수밖에 없는 이유가 있습니다. 여전히 우리 주변에는 은혜의 눈물로 가장된 악어의 눈물이 얼마든지 있을 수 있기 때문입니다.

에서와 야곱을 비교해 봅시다. 둘 다 눈물을 흘릴 때가 있습니다. 그러나 그들의 눈물은 달랐습니다. 에서는 자신이 아버지 이삭으로부터 받아야 하는 축복 기도를 야곱에게 빼앗겼을 때 눈물을 흘렸습니다. 그리고 야곱은 얍복강에서 천사와 씨름하며 기도하는 가운데 눈물을 흘렸습니다. 이 두 사람의 눈물은 현상적으로는 똑같은 눈물이지만, 그 본질적인 내용은 완전히 다릅니다. 성경은 이 두 사람의 눈물을 아래와 같이 계시합니다.

> 창세기 27:34 에서가 그의 아버지의 말을 듣고 소리 내어 울며 아버지에게 이르되 내 아버지여 내게 축복하소서 내게도 그리하소서

> 호세아 12:3-4 야곱은 모태에서 그의 형의 발뒤꿈치를 잡았고 또 힘으로는 하나님과 겨루되 천사와 겨루어 이기고 울며 그에게 간구하였으며

에서와 야곱, 둘 다 축복을 구했습니다. 둘 다 똑같이 축복을 구하며

울었습니다. 이것은 공통점입니다. 그러나 결정적인 차이점이 있습니다. 에서는 사람을 향해 축복을 구하는 원통함의 눈물이었고, 야곱은 하나님의 모습으로 형상되는 천사를 향해 축복을 구하는 애통함의 눈물이었습니다. 에서는 거절당했고, 야곱은 그 복을 그대로 허락받았습니다. 왜 그럴까요? 현상적으로는 둘 다 똑같은 눈물이었으나, 그 본질이 달랐기 때문입니다. 에서의 눈물은 복수심이 불타는 원통함의 눈물이며, 야곱의 눈물은 애통함과 간절함이 담긴 은혜의 눈물입니다. 우리가 흘려야 할 눈물은 에서의 눈물이 아니라 야곱의 눈물입니다. 그래서 "주 예수여 은혜를 내려 주사(찬송가 368장)"의 3절 가사는 이렇게 고백하고 있습니다.

> 옛 야곱이 천사와 씨름하던 그 믿음을 주옵소서
>
> 이 세상의 물결이 흉흉해도 날 평안케 하옵소서
>
> 주 예수여 충만한 은혜 내 영혼에 부으소서
>
> 주 예수만 나의 힘 되고 내 만족함 됩니다

은혜가 말라 버린 오늘날 우리들에게 필요한 것은 사생결단(死生決斷)과 일사각오(一死覺悟)의 마음으로 하나님의 천사와 씨름하며 통곡하며 우는 야곱의 열심과 열정입니다. 그런데 안타깝게도 우리의 눈물은 하나님의 은혜를 구하는 야곱의 눈물이 아니라, 오히려 하나님의 은혜를 가리는 에서의 눈물을 흘릴 때가 많습니다. 그래서 하나님께서는 성경을 통하여 우리가 흘리는 눈물이 때로는 하나님의 제단을 가리는 역할을 하고 있음을 계시하기도 하셨습니다.

> 말라기 2:13 너희가 이런 일도 행하나니 곧 눈물과 울음과 탄식으로
> 여호와의 제단을 가리게 하는도다 그러므로 여호와께서 다시는 너희
> 의 봉헌물을 돌아보지도 아니하시며 그것을 너희 손에서 기꺼이 받
> 지도 아니하시거늘

> 말라기 2:13, 새번역 너희가 잘못한 일이 또 하나 있다. 주님께서 너
> 희 제물을 외면하시며 그것을 기꺼이 받지 않으신다고, 너희가 눈물
> 과 울음과 탄식으로 주님의 제단을 적셨다.

하나님께서는 분명히 말라기 선지자의 이 예언을 통하여 여전히 우리
신앙인들이 흘리는 눈물 가운데 하나님의 눈에 형식적으로 흘리는 "악어
의 눈물"로 보이는 눈물이 많으며 동시에 분통하고 원통하여 하나님께
대들고 따지는 마음으로 흘리는 "에서의 눈물"이 많다는 것을 계시하고
있습니다. 말라기서 말씀 가운데 "눈물과 울음과 탄식으로 여호와의 단
을 가리게 하도다."라는 표현이 나옵니다. 무슨 뜻입니까? 통곡하며 눈
물을 흘리는데 그 눈물이 하나님의 제단을 영광스럽게 하는 은혜의 눈물
이 아니라 오히려 하나님의 제단을 가리는 죄악의 눈물, 악어의 눈물이
라는 말입니다.

물론, 이 눈물 자체도 처절하며 간절한 눈물입니다. 제단에 제물을 드

리는데 하나님께서 열납해 주시지 않으니 눈물이 흐르는 것입니다. 그런데 잘 생각해 보십시오. 이 눈물은 은혜의 눈물이 아닙니다. 오히려 하나님께 "하나님! 대체 왜 이렇게 하십니까?"라며 따지는 상황에서 나온 원통한 눈물입니다. 모름지기 은혜의 눈물은 회개하는 애통의 눈물이지 하나님 앞에 따지는 원통함의 눈물이 아닙니다.

은혜는 눈물입니다. 그래서 우리는 은혜를 받기 위해 눈물을 흘려야 합니다. 그러나 그 눈물을 억지로 쥐어짤 필요는 없습니다. 다만, 하나님께서 눈물을 허락하실 때 그 기회를 놓치지 말아야 합니다. 사실상 우리가 흘리는 은혜의 눈물은 우리가 노력해서 흘리게 되는 눈물이 아니라 하나님의 은혜가 임했을 때 저절로 흐르는 눈물이기에 우리가 흘려야 할 눈물은 억지로 쥐어짜는 눈물이 아니라 은혜 때문에 자연스럽게 흘러 내려오는 눈물이어야 합니다. 우리는 은혜를 받기 위해 "악어의 눈물"과 같은 억지 눈물을 흘리려 하지 말고, 또한 "에서의 눈물"과 같은 원통함의 눈물을 흘리지 말고, 오로지 은혜를 받았기 때문에 나오는 진정한 영적 눈물을 흘려야 합니다. 그만큼 은혜의 눈물은 자연스러운 것이며, 은혜의 눈물은 순적(順適)한 것이며, 은혜의 눈물은 순수한 것입니다. 그 눈물을 회복합시다!

은혜는 눈물입니다!

그러니 웁시다! 통곡합시다! 애통해 합시다.

하나님께서 은혜를 주실 때에 그 기회를 잃지 않고 모두 웁시다.

은혜는 눈물이다

부디 선택 받은 모든 이에게 하나님께서 허락하시는
은혜의 눈물이 있을지어다!

모든 영광을 하나님께(*Soli Deo Gloria*)!